6
漢字ふく習

漢字の広場
新しく使う、四年の教科書で

JN059264

答え115ページ

月　日

/100

サクッと
こたえ
あわせ

---

❶ 漢字の読みがなを書きましょう。

16点(一つ2)

① 雲で太陽がかくれる。（　　　　　）

② 農業を行う。（　　　　　）

③ 湖で泳ぐ。（　　　　　）

④ 親に相談する。（　　　　　）

⑤ 苦味を感じる。（　　　　　）

⑥ 薬をもらう。（　　　　　）

⑦ 練習をくり返す。（　　　　　）

⑧ 写真をとる。

---

❷ あてはまる漢字を書きましょう。

32点(一つ4)

① ［こ　　うきょう］をわたる。

② 遠くに［しま］が見える。

③ ［えき］に集まる。

④ ［がっこう　　こうてい］に入る。

⑤ ［　　　　にか］がかる。

⑥ ［はな　　ぢ］が出る。

⑦ ［　　と　　し］に住む。

⑧ ［　　ちゃ　　てん］を立てる。

---

3 漢字の読みがなを書きましょう。 20点(2×1)

① ボールを追う。（ ）

② 体育館の屋根。（ ）

③ 中央まで進む。（ ）

④ 校庭で整列する。（ ）

⑤ 荷物をあずける。（ ）

⑥ コップに注ぐ。（ ）

⑦ 緑茶を飲む。（ ）

⑧ 自由研究をする。（ ）

⑨ 悲鳴をあげる。（ ）

⑩ 幸福になる。（ ）

4 あてはまる漢字を書きましょう。 32点(4×1)

① 〔せん│しゅ〕で投げる。

② 〜のごみを〔ひ│ろ│う〕。

③ 〔しょう│ぶ〕にのぞむ。

④ 〔しょう│てん〕が開く。

⑤ 本を〔も│く│じ〕。

⑥ 〔よう│ふく〕を着る。

⑦ 〔お│ん│ど〕を調べる。

⑧ 〔ひ〕が続く。

きほんの
ドリル
9
めいぼうし (1)

時間 15分
合かく 80点
/100
答え 115ページ
月 日

書いて覚えよう。

| 教14ページ | 信 シン ながめに | 信号 じ信 信用 信じる | | | 信 |
| 9画 | | 信信信信信信信信信 | | | |

| 教14ページ | 初 ショ・ソ 出ない はつ・はじめ・はじめて | 初日 初心 初め 初雪 | | | 初 |
| 7画 | | 初初初初初初初 | | | |

| 教15ページ | 達 タツ とめる | 速達 上達 配達 達成 | | | 達 |
| 12画 | | 達達達達達達達達達達達達 | | | |

| 教15ページ | 変 ヘン かわる・かえる | 変身 変化 変わる 変える | | | 変 |
| 9画 | | 変変変変変変変変変 | | | |

| 教18ページ | 席 セキ はねる | 運転席 出席 客席 | | | 席 |
| 10画 | | 席席席席席席席席席席 | | | |

1 読みがなを書きましょう。
28点(一つ4)

① 信号 が青になる。（　）

② 連休の 初日 。（　）

③ 初 めにもどる。（　）

④ 速達 がとどく。（　）

⑤ ヒーローが 変身 する。（　）

⑥ 空の色が 変 わる。（　）

⑦ 運転席 にすわる。（　）

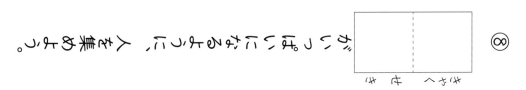

テスト ②③「はかる」は、同じ読み方の漢字の使い分けに注意しましょう。

2 あてはまる漢字を書きましょう。 72点(1つ9)

① 親友の言いつけを[　]（しん）して行動する。

② 強い相手に勝つことができて[　　]（じ・しん）がついてきた。

③ 家族旅行で[　]（はじ）めての海に行って遊んだ。

④ [　　]（て・ほん）にしたがって練習する。

⑤ 空手がめきめきと[　　]（じょう・たつ）した。

⑥ 秋になって、カエデの葉の色が[　]（か）わる。

⑦ 小説の中で主人公の気持ちが[　　]（へん・か）する。

⑧ [　　]（きゃく・せき）がいっぱいになるように、人を集めよう。

4

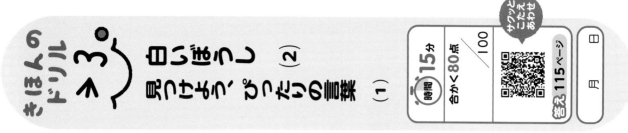

時間 15分
合かく80点
/100

答え 115ページ

月　日

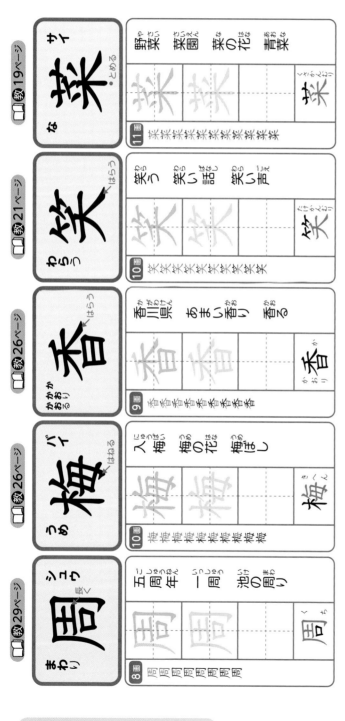

✏ 書いて覚えよう！

教19ページ	サイ な 菜 とめる	野菜　菜園　菜の花　青菜　とりかごなり
	11画	

教21ページ	ショウ わらう 笑 はらう	笑う　笑い話　笑い声　たからなり
	10画	

教26ページ	かおり かおる 香 はらう	香川県　あまい香り　香る　かおり
	9画	

教26ページ	バイ うめ 梅 はねる	入梅　梅の花　梅ぼし　きくん
	10画	

教29ページ	シュウ まわり 周 長く	五周年　一周　池の周り　まち
	8画	

① 読みがなを書きましょう。
28点(一つ4)

① 野菜 を食べる。
（　　　　　）

② 美しい 菜 の 花畑。
（　　　　　）

③ 笑 い話をする。
（　　　　　）

④ 香川県 に行く。
（　　　　　）

⑤ 花の 香 りがする。
（　　　　　）

⑥ 梅 の花がさく。
（　　　　　）

⑦ 五周年 をむかえる。
（　　　　　）

❷ あてはまる漢字を書きましょう。

① 〔おな〕を使った食事を作る。

② 家庭〔さいえん〕を始める。

③ おもしろい話を聞いて、大声で〔わら〕う。

④ かわいい花からよいかおりが〔お〕がする。

⑤ 〔かがわけん〕はうどんが有名だ。

⑥ おばさんが〔め〕しを作る。

⑦ 六月の初めは〔にゅうばい〕の時期だ。

⑧ 池の〔まわ〕りを全力で走る。

見つけよう ぴったりの言葉 (2)
漢字の部首 (1)

時間 15分
合かく80点
/100
こたえ
あわせ
サクッと
答え 115ページ
月 日

書いて覚えよう！

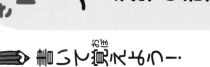

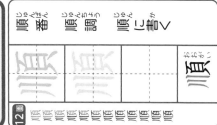

□ 教 29ページ

ジュン
順
一番長く！

順番
順調
順に書く

12画 順順順順順順順順順

□ 教 30ページ

カン
関
かかわる
かかわる

関係
関心
関所
人と関わる

14画 関関関関関関関関関関関関関関

□ 教 30ページ

シ
印
しるし
はねる

印かん
消印
目印
印る

6画 印印印印印

□ 教 30ページ

ヨク
浴
あびる
あびせる

海水浴
日光浴
水浴び

10画 浴浴浴浴浴浴浴浴浴浴

□ 教 30ページ

カ
加
くわえる
くわわる
はねる

加わる
加入
追加
つけ加える

5画 加加加加

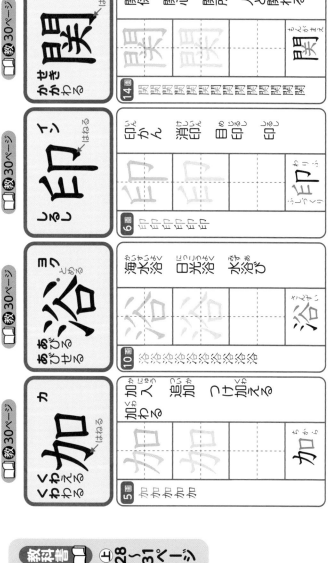

1 読みがなを書きましょう。

28点(一つ4)

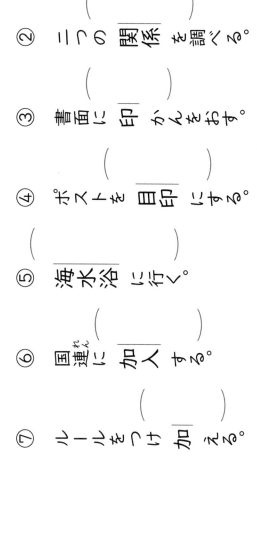

① 順番 を決める。

② 二つの 関係 を調べる。

③ 書面に 印 かんをおす。

④ ポストを 目印 にする。

⑤ 海水浴 に行く。

⑥ 国連 に 加入 する。

⑦ ルールをつけ 加 える。

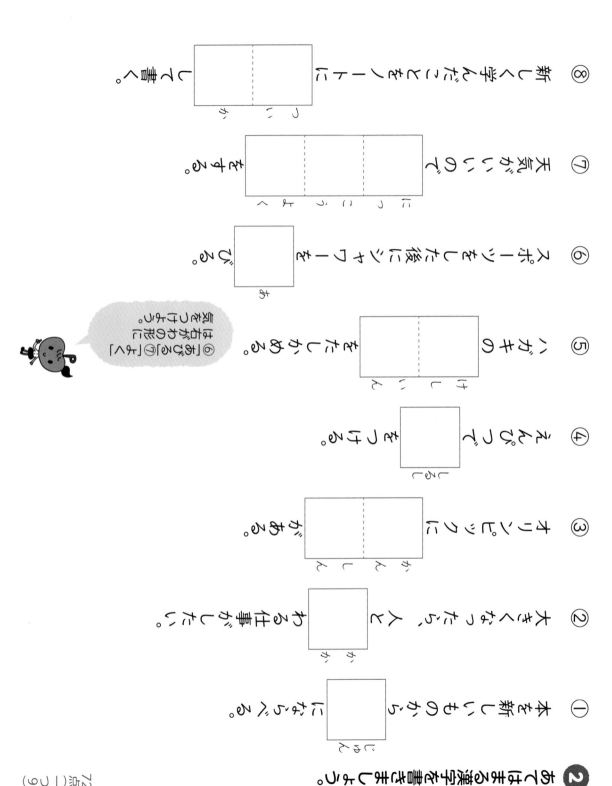

② あてはまる漢字を書きなさい。 72点（1つ6）

① 本を新しいものと［　　］にとりかえる。

② 大きくなったら、［　　］にかかわる仕事がしたい。

③ オリンピックに［　　］がある。

④ えんぴつで［　　］をしるしける。

⑤ ハガキの［　　］をしたためる。

⑥ スポーツをした後にシャワーを［　　］びる。

⑦ 天気がいいので［　　］をする。

⑧ 新しく学んだことをノートに［　　］て書く。

⑥「あびる」⑦「へや」は送りがなや読み方に気をつけましょう。

書いて覚えよう！

努 ド／つとめる・出る　教30ページ
努力　学業に努める
努（ちから）
7画　努努努努努努努

芽 ガ／め・はねる　教31ページ
発芽　草の芽　新芽
芽（くさかんむり）
8画　芽芽芽芽芽芽芽芽

完 カン／上にはねる↑　教31ページ
完走　完全　完勝
完（うかんむり）
7画　完完完完完完完

富 フ／とむ　大きく↓　教31ページ
富士山　豊富　富む
富（うかんむり）
12画　富富富富富富富富富富富富

英 エイ／出る　教31ページ
英会話　英語　英ゆう
英（くさかんむり）
8画　英英英英英英英英

1 読みがなを書きましょう。
28点(一つ4)

① 努力が実を結ぶ。（　　　）

② 発芽する時期になる。（　　　）

③ 草の芽が生える。（　　　）

④ マラソンを完走する。（　　　）

⑤ 富士山が見える。（　　　）

⑥ くふうに富んだ作品。（　　　）

⑦ 英会話教室に通う。（　　　）

2 あてはまる漢字を書きましょう。

72点(1つ9)

① 習字が上達するように □□ する。

② 学生として学業に □ める。

③ 春になって □□ が生える。

④ □□ な作品を生み出す。

⑤ 相手チームに □□ する。

⑥ 兄は豊（ほう）□ な知しきをもっている。

⑦ □□ をしてしまいになる。

⑧ □□ のために、アメリカへ行く。

10

1 漢字の読みがなを書きましょう。

52点(一つ4)

① 母が 梅 を使ってジャムを作った。
（　　　　）

② 友だちとの約束やくそくを 信 じる。
（　　　　）

③ クラブに仲間なかまが 加入 する。
（　　　　）

④ 話を聞いて考えを 変 える。
（　　　　）

⑤ 関所 までの 目印 を見つける。
（　　　）（　　　　）

⑥ 車の 運転席 にすわる。
（　　　　　）

⑦ 富 を手にして注目を 浴 びる。
（　　　）（　　　　）

⑧ 池の 周 りに 初雪 がふる。
（　　　）（　　　　）

⑨ テニスが 上達 するように 努力 した。
（　　　　）（　　　　）

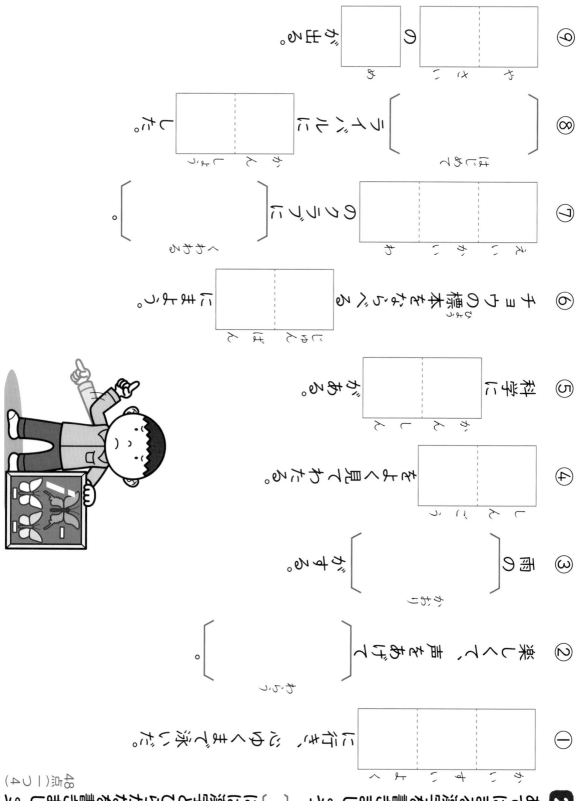

2 あてはまる漢字を書きましょう。[　]には漢字とひらがなを書きましょう。

48点(1つ4)

① □□□□に行き、きょうしつゆくまくらべた。

② 楽しくて、声をあげて[わらう]。

③ 雨の[かおり]がする。

④ □□□をよく見てわかる。

⑤ 科学に□□□□がある。

⑥ チョウの標本をならべる□□□□にいます。

⑦ □□□のクラブに[くわわる]。

⑧ [はじめて]ライバルに□□した。

⑨ □□□の□が出る。

12

時間 15分
合かく80点
/100

サクッと
こたえ
あわせ

答え 115ページ

月　日

📝 書いて覚えよう!

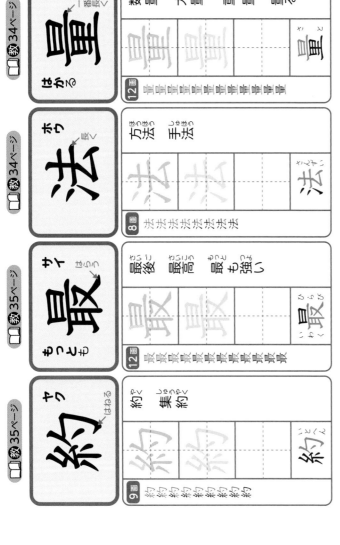

□教34ページ

リョウ
はかる
量
一番長く
12画
量量量量量量量量量量量
数量　大量　重量　量る

□教34ページ

ホウ
法
長く
8画
法法法法法法
方法　手法

□教35ページ

サイ
もっとも
はらう
最
12画
最最最最最最最最最最最
最後　最高　最も強い

□教35ページ

ヤク
はねる
約
9画
約約約約約約約約約
約で　集約で

1 読みがなを書きましょう。
20点(一つ4)

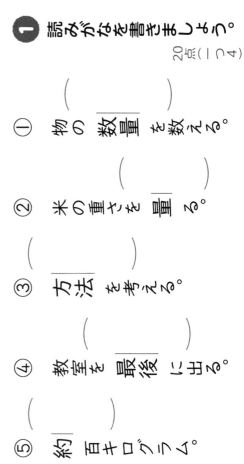

① 物の 数量 を 数える。
（　　　　　）

② 米の重さを 量 る。
（　　　　　）

③ 方法 を考える。
（　　　　　）

④ 教室を 最後 に出る。
（　　　　　）

⑤ 約 百キログラム。
（　　　　　）

「はかる」と読むものには、
「計る」「量る」などがあります。
使い分けられるようにしま
しょう。

② あてはまる漢字を書きましょう。

点80（100）

② あてはまる漢字を書きましょう。

① スーパーで □□ のにくを買った。

② 自動車に積むにもつがどれくらいかは決められている。

③ 空港で、荷物のおもさをはかる。

④ 給食に新しいしょっきを用いる。

⑤ おやつを食べてまんぞくの気分だ。

⑥ この学校にもっとも近い駅はどこですか。

⑦ みんなの意見をしゅうやくする。

⑧ 三十人分の給食を用意する。

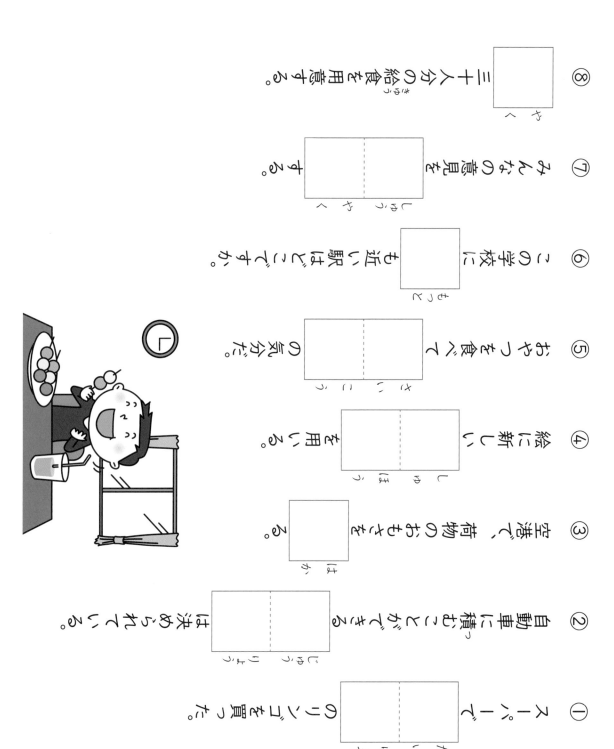

花を見つける手がかり（1）

書いて覚えよう！

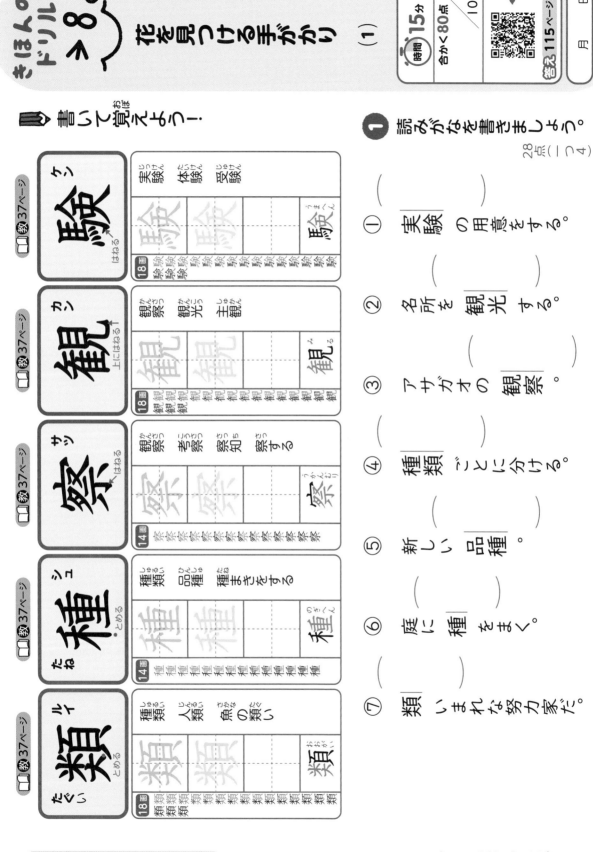

| □教37ページ | ケン 験 はねる | 18画 | 実験 じっけん | 体験 たいけん | 受験 じゅけん |

| □教37ページ | カン 観 上にはねる | 18画 | 観察 かんさつ | 観光 かんこう | 主観 しゅかん |

| □教37ページ | サツ 察 はねる | 14画 | 観察 かんさつ | 考察 こうさつ | 察知 さっち | 察する |

| □教37ページ | シュ たね 種 とめる | 14画 | 種類 しゅるい | 品種 ひんしゅ | 種まきをする | 種 |

| □教37ページ | ルイ たぐい 類 とめる | 18画 | 種類 しゅるい | 人類 じんるい | 魚の類い |

---

1 読みがなを書きましょう。

28点（1つ4）

① 実験 の用意をする。

② 名所を 観光 する。

③ アサガオの 観察 。

④ 種類 ごとに分ける。

⑤ 新しい 品種 。

⑥ 庭に 種 をまく。

⑦ 類 いまれな努力家だ。

❷ あてはまる漢字を書きましょう。
72点（1つ9）

① □□□□ していたことを話す。

② □□□□ にそなえて勉強する。

③ 物事を □□□□□ で決めてはいけない。

④ 物語の場面について □□□□ する。

⑤ 動物には多くの □□□□ がある。

⑥ 野菜の □□ を畑にまく。

⑦ ぜんこくは □□ 菜の □□ だ。

⑧ □□□□ の歩みについて学ぶ。

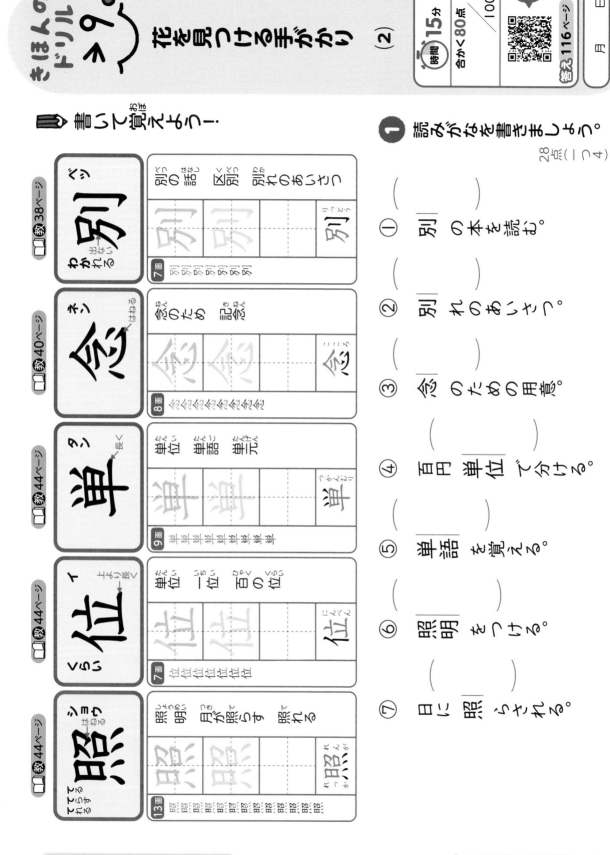

花を見つける手がかり (2)

時間 15分　合かく80点　/100
サクッと こたえ あわせ
答え 116ページ
月　日

✏ 書いて覚えよう！

別 わかれる・ベツ　[教38ページ]　7画
別の話　区別　別れのあいさつ

念 ネン　[教40ページ]　8画
念のため　記念

単 タン　[教44ページ]　9画
単位　単語　単元

位 くらい・イ　[教44ページ]　7画
単位　一位　百の位

照 てる・てらす・てれる・ショウ　[教44ページ]　13画
照明　月が照らす　照れる

---

1 読みがなを書きましょう。

28点(1つ4)

① 別 の本を読む。（　　　）

② 別 れのあいさつ。（　　　）

③ 念 のための用意。（　　　）

④ 百円 単位 で分ける。（　　　）

⑤ 単語 を覚える。（　　　）

⑥ 照明 をつける。（　　　）

⑦ 日に 照 らされる。（　　　）

➡うらのページにつづくよ！

教科書 ⊕36〜45ページ

2 あてはまる漢字を書きましょう。

① □（わ・か）のように、なみだを流す。

② 遊びと勉強の□□（く・べ・つ）をつける。

③ 家族旅行の□□（き・ね・ん）におみやげを買う。

④ 新しい□□（た・だ・ん・かい）に進む。

⑤ 百の□（く・らい）の計算をする。

⑥ マラソンで□□（い・ち・い）になる。

⑦ 月の光が夜の海を□（て）らす。

⑧ 日が落ちたので、□□（し・ょう・め・い）をつける。

きほんのドリル
10
分類をもとに本を見つけよう
漢字辞典の使い方 (1)

時間 15分
合かく80点
／100
答え 116ページ

サクッとこたえあわせ

月 日

📖 書いて覚えよう！

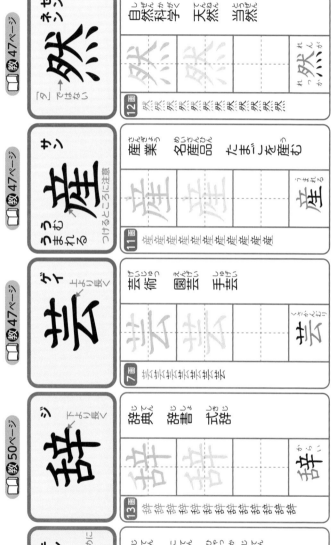

□教47ページ
ゼン シン
然
「ヽ」ではなう
12画

自然科学 天然 当然 れっか れっか
然 然 然 然 然 然 然 然 然 然 然 然 然

□教47ページ
サン
産
うむ うまれる
つけるところに注意
11画

産業 名産品 たまごを産む うまれる
産 産 産 産 産 産 産 産 産 産

□教47ページ
ゲイ
芸
上より長く
7画

芸術 園芸 手芸 くさかんむり
芸 芸 芸 芸 芸 芸 芸

□教50ページ
ジ
辞
下より長く
13画

辞典 辞書 式辞 辞
辞 辞 辞 辞 辞 辞 辞 辞 辞 辞 辞

□教50ページ
テン
典
長めに
8画

辞典 古典 百科事典 典は
典 典 典 典 典 典 典

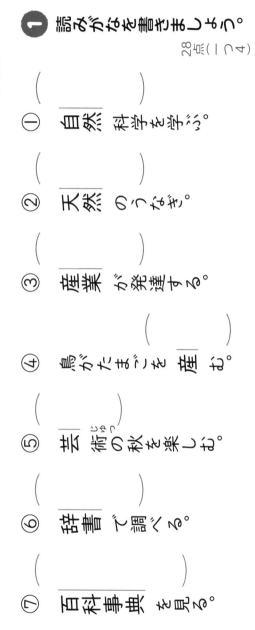

1 読みがなを書きましょう。
28点 (1つ4)

① （　　　） 自然科学を学ぶ。

② （　　　） 天然のうなぎ。

③ （　　　） 産業が発達する。

④ （　　　） 鳥がたまごを産む。

⑤ （　　　） 芸術の秋を楽しむ。

⑥ （　　　） 辞書で調べる。

⑦ （　　　） 百科事典を見る。

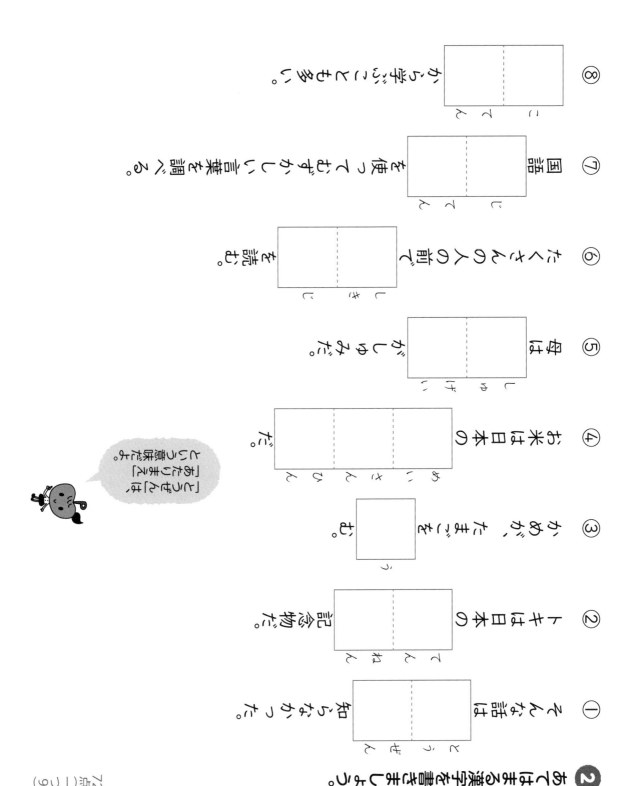

❷ あてはまる漢字を書きましょう。

① そんな話は 結□□ かった。

② トキは日本の □□ 記念物だ。

③ かめが たまごを □ む。

④ お米は日本の □□□ だ。

⑤ 母は □□ かしゆみだ。

⑥ たくさんの人の前で □□ を読む。

⑦ 国語 □□ を使ってむずかしい言葉を調べる。

⑧ □□ から ぶじいてきた。

「ぶん」は、「もん」とも読むよ。ぶんとうで読むよ。

漢字辞典の使い方 (2)

✎ 書いて覚えよう・

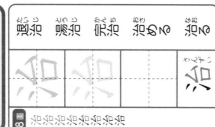

数50ページ
治　チ　ジ
おれてはらう
なおる・なおす
おさめる・おさまる
退治　湯治　完治　治める　治る
8画　治治治治治治

数50ページ
成　セイ
なる・なす
上にはねる
成長　成り立ち　成しとげる
6画　成成成成

数51ページ
訓　クン
はらう
教訓　音訓　訓練　訓読み
10画　訓訓訓訓訓訓訓訓訓訓

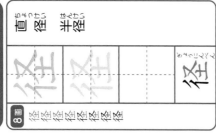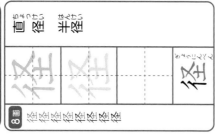

数53ページ
径　ケイ
はなす
直径　半径
8画　径径径径径

1 読みがなを書きましょう。

28点(1つ4)

① おにを退治する。

② かぜが治る。

③ 国王が治める。

④ すくすくと成長する。

⑤ 漢字の成り立ち。

⑥ 物語の教訓。

⑦ 直径五メートル。

「治」の訓読みは送りがなに
気をつけよう。

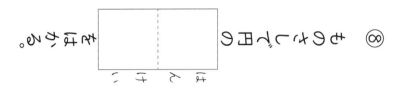

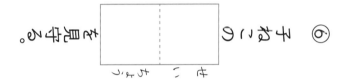

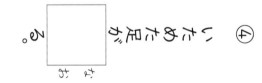

2 あてはまる漢字を書きましょう。 72点(1つ6)

① 王様が国を□める。（おさ）

② □□けが□から□る。（けが ちが する）

③ 道ろ□に□って□に行く。（じ とう こ）

④ いため□が□る。（わ なお）

⑤ むずかしい仕事を□しとげる。（な）

⑥ チ□こ□の□を見守る。（ちょう せい）

⑦ さかい上がりの□□□□をする。（れん しゅう）

⑧ ものさしで円の□□□をはかる。（は けい）

✎ 書いて覚えよう・

教53ページ	**兆** チョウ きざ(し) きざ(す)	前兆 ぜんちょう / 一兆円 いっちょうえん / 6画 兆兆兆兆兆
教53ページ	**臣** シン 出ない	家臣 かしん / 大臣 だいじん / 臣下 しんか / 7画 臣臣臣臣臣臣
教53ページ	**城** ジョウ しろ 上にはねる	城下町 じょうかまち / 城内 じょうない / 城門 じょうもん / お城 おしろ / 9画 城城城城城城
教53ページ	**奈** ナ 上より長く	奈落 ならく / 奈良県 ならけん / 8画 奈奈奈奈奈奈奈

❶ 読みがなを書きましょう。
28点(一つ4)

① 雨がふる 前兆 。（　　　）

② 多くの 家臣 がいる。（　　　）

③ 大臣 をつとめる。（　　　）

④ 城内 を見て回る。（　　　）

⑤ 活気がある 城下町 。（　　　）

⑥ 大きな 城 を見る。（　　　）

⑦ 奈落 に落ちる。（　　　）

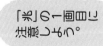

「兆」の一画目に
注意しよう。

② あてはまる漢字を書きましょう。

① 天気がくずれる＿＿。（ぜんせん）

② ＿＿＿のお金が使われる。（いっちょうえん）

③ 王の＿＿として国を守る。（しんか）

④ ＿＿があいつぐ。（じしん）

⑤ 日本全国の＿をめぐる。（しろ）

⑥ ＿＿はなが開く。

⑦ ＿＿＿をゆっくり歩く。（じょうかまち）

⑧ ＿＿の底からはい上がる。（ならく）

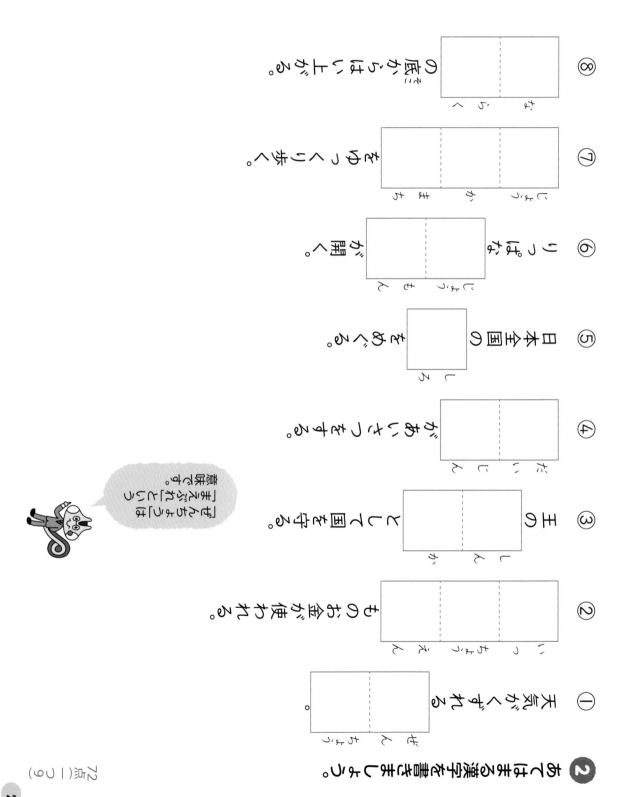

（吹き出し）「ぜんせん」は、「ぜんせん」とまちがえやすい。意味に注意するよ。

時間 15分　合かく80点　/100

答え 116ページ

月　日

✏️ 書いて覚えよう!

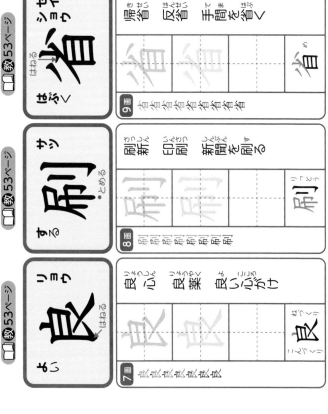

教53ページ
エン
しお
塩
13画
塩田　食塩　塩分　塩水

教53ページ
セイ・ショウ
はぶく
かえりみる
省
9画
帰省　反省　手間を省く

教53ページ
サツ
する
刷
8画
刷新　印刷　新聞を刷る

教53ページ
リョウ
よい
良
7画
良心　良薬　良い心がけ

「良」の1画目を
わすれないよう
にしましょう。

👀 読んで覚えよう!

●…読み方が新しい漢字　＝…おくりがな

教53ページ
トク・トウ
読
よむ・よう

1 読みがなを書きましょう。
20点(一つ4)

① 塩田 を見学する。
（　　　　　）

② いなかに 帰省 する。
（　　　　　）

③ メンバーの 刷新。
（　　　　　）

④ 紙の上に 刷 る。
（　　　　　）

⑤ 良心 がとがめる。
（　　　　　）

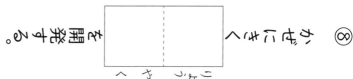

② あてはまる漢字を書きましょう。

① ［　　　］でこうぶつをさがす。

② ［　　　］を使った実験をする。

③ ［　　　］へいについて深くかんさつしたいとおもった。する。

④ 教育［　　　］を読む。

「二」、母、しっかりね。

⑤ 色とりどりのインクを用いて［　　］る。

⑥ ポスターを［　　　］する。

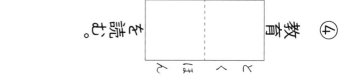

⑦ 毎朝早起きすることは［　　］いだけだ。

⑧ かんきょうにやさしい［　　　］を開発する。

書いて覚えよう！

教53ページ	孫 ソン まご（はねる）	子孫　初孫　孫の手 / 10画
教53ページ	愛 アイ（「又」ではない）	人を愛する　愛読書　愛用 / 13画
教54ページ	必 ヒツ かならず（はねる）	必要　必死　必見　必ず / 5画
教54ページ	要 ヨウ かなめ（いる）	必要　要点　チームの要 / 9画

読んで覚えよう！

●…特別な読み方をする漢字

教56ページ　友達（ともだち）

1 読みがなを書きましょう。
20点(一つ4)

① 子孫 を残す。

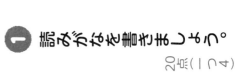

② この本は 愛読書 だ。

③ 約束を 必ず 守る。

④ 必要 な物を買う。

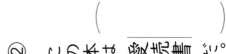

⑤ かれはチームの 要 だ。

「愛」には「心」が入っているよ。

❷ あてはまる漢字を書きましょう。

① 大切なたからものを□□（しそん）に伝（つた）える。

② □（まい）に本を読み聞かせる。

③ この木は世界中で□（あい）されている。

④ 出かけるときは、□（かなら）ずまどや戸じまりをする。

⑤ 観光客に□□□（ひこしけん）の名所をおとずれる。

⑥ 産業の□（かなめ）になるしゅつを開発する。

⑦ 時間がないので、□□（よいてん）だけを手短に話す。

⑧ 新しい□□□（となりだち）は犬をかっている。

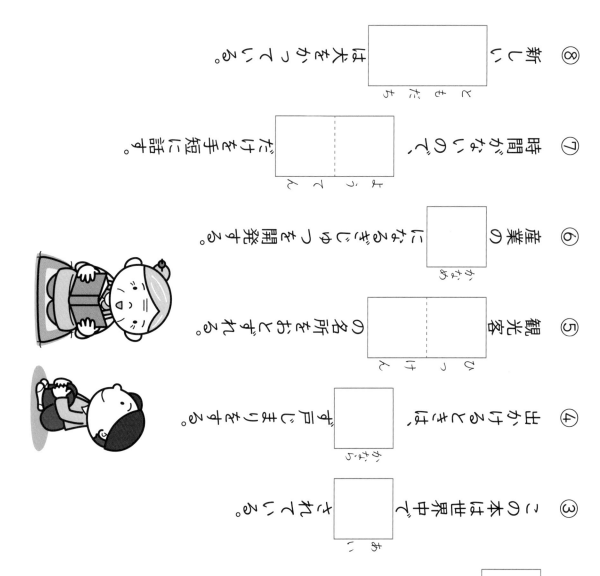

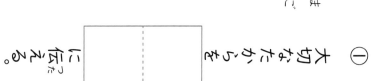

時間 20分
合かく80点
/100

サクッと
こたえ
あわせ

答え 116ページ

月　日

1 漢字の読みがなを書きましょう。

52点(一つ4)

① 学校に 必要 な道具を持っていく。
（　　　　　）

② 理科の 実験 の説明を聞く。
（　　　　　）

③ 最近、外食をしていない。
（　　　　　）

④ 百の 位 の数字を答える。
（　　　　　）

⑤ 円の 直径 の長さを求める。
（　　　　　）

⑥ 家にかざる花の 種類 を 孫 と決める。
（　　　　　）（　　　　　）

⑦ 友達 といっしょにアサガオを 観察 する。
（　　　　　）（　　　　　）

⑧ この 塩 の 産地 は日本です。
（　　　　　）（　　　　　）

⑨ 先生が 愛用 している 辞典 を 借りる。
（　　　　　）（　　　　　）

2 □にはあてはまる漢字を、〔　〕にはおくりがなを書きましょう。　48点（1つ4）

① 円の□□（ちゅうしん）にあるたからが発見される。

② 旅行の□□（きねん）に写真をとる。

③ 母のしゅみは草花を育てる□□（えんげい）だ。

④ 口に□□し。

⑤ 本を□□（しゅっぱん）する。

⑥ 先生と学校の前で〔　　〕（わかれる）。

⑦ □□（けいけん）から学んで□□（せいちょう）する。

⑧ 米の□□（じゅうりょう）は三十キログラムある。

⑨ 国を〔　　〕（おさめる）王の□□（かしん）。

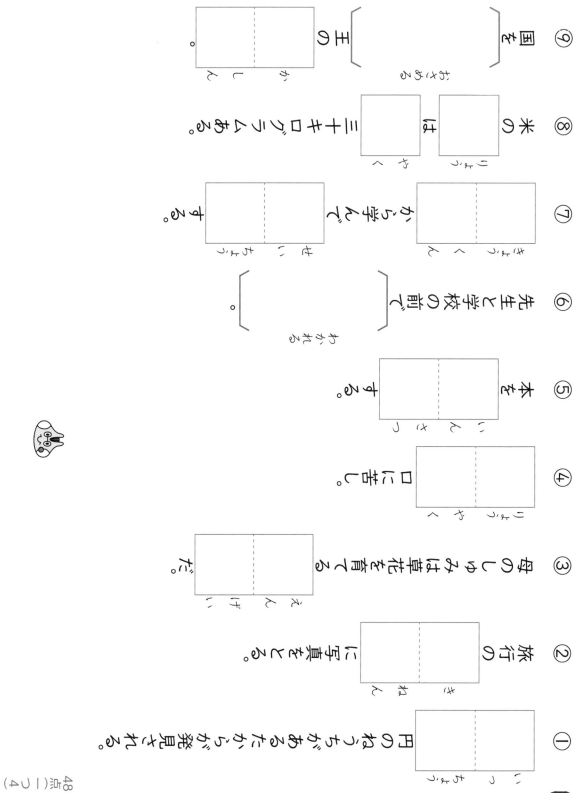

こそあどことば・つなぐことば (1)

時間 15分 / 合かく80点 / 100

サッとこたえ
あわせ

答え 116ページ

月　日

📖 書いて覚えよう！

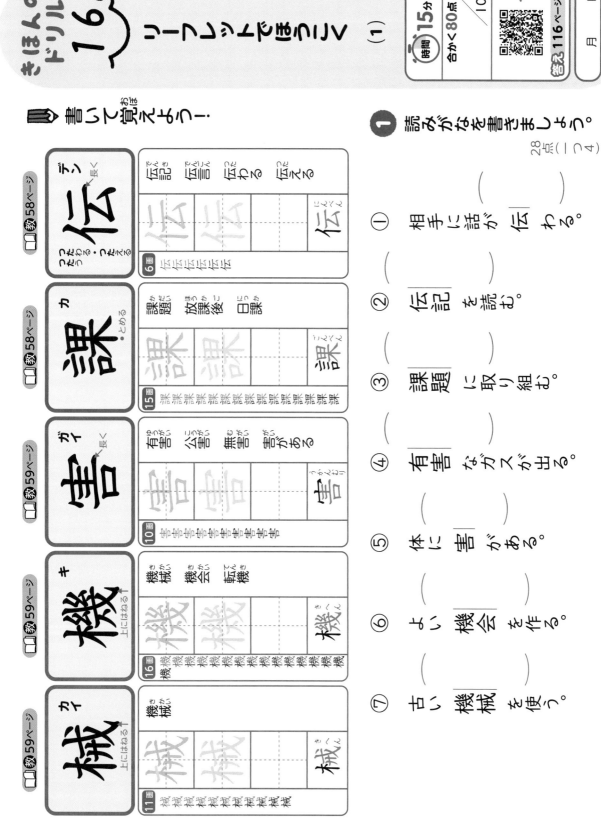

教58ページ	デン	伝記	伝言	伝わる	伝える
	つたわる・つたえる	6画 伝伝伝伝			伝

教58ページ	カ	課題	放課後	日課	
	15画 課課課課課課課課課課課課課課課				課

教59ページ	ガイ	有害	公害	無害	害がある
	10画 害害害害害害害害害害				害

教59ページ	キ	機械	機会	転機	
	16画 機機機機機機機機機機機機機機機機				機

教59ページ	カイ	機械			
	11画 械械械械械械械械械械械				械

1 読みがなを書きましょう。

28点(1つ4)

① 相手に話が 伝 わる。

② 伝記 を読む。

③ 課題 に取り組む。

④ 有害 なガスが出る。

⑤ 体に 害 がある。

⑥ よい 機会 を作る。

⑦ 古い 機械 を使う。

→ うらのページにつづくよ

教科書 上 58〜63ページ

同じ読み方の別の漢字になる言葉に注意しましょう。

❷ あてはまる漢字を書きましょう。

72点（1つ9）

① 自分の考えを先生に□〔た〕える。

② 友人からの□□〔でん・ごん〕を聞く。

③ □□□〔ほ・か・い〕にサッカーをする。

「ごうかく」は合格する意味です。

④ 本を読む□□〔しゅう・か〕んだ。

⑤ 問題について□□〔けん・きゅう〕する。勉強する。

⑥ その薬は植物に□〔がい〕をあたえることがある。

⑦ □□□〔き・せ・つ〕がおとずれた。

⑧ 工場で大きな□□〔き・かい〕が動く。

32

リーフレットでほうこく (2)
短歌の世界 (1)

時間 15分　合かく 80点　/100

サクッとこたえあわせ　答え 116ページ

月　日

書いて覚えよう!

【教60ページ】
折　セツ／おれる・おり（はねる）
右折　折る　折り紙　折りを見る
7画　折折折折折

【教60ページ】
説　セツ／とく（上にはねる↑）
説明　小説　教えを説く
14画　説説説説説説説説説説説説説説

【教62ページ】
参　サン／まいる（おれてはらう）
持参　参考書　お参り
8画　参参参参参参参参

【教66ページ】
衣　イ／ころも（はねる）
衣服　白衣　衣食住
6画　衣衣衣衣衣衣

【教67ページ】
景　ケイ（はねる）
風景　光景　景気　景品
12画　景景景景景景景景景景景景

読んで覚えよう!

●…特別な読み方をする漢字

【教68ページ】
景色（けしき）

1 読みがなを書きましょう。
20点(一つ4)

① 折り紙でツルを作る。
（　　　）

② くわしく説明する。
（　　　）

③ 教科書を持参する。
（　　　）

④ 衣服にこだわる。
（　　　）

⑤ 美しい風景を見る。
（　　　）

2 あてはまる漢字を書きましょう。　8点(1つ10)

① お　り
□　を見て話す。

② せ　つ
自転車が急に□｜□する。

③ と
はとの数について□く。

④ し　ょ　う
大好きな□｜□を何度も読み返す。

⑤ き
家の近くの神社にお□りする。

⑥ か　ん
□｜□書をさがす。

⑦ は　く
□｜□を着て実験する。

⑧ け　し　き
すばらしい□を写真におさめる。

短歌の世界 (2)
漢字の音を表す部分 (1)

時間 15分
合かく80点
／100
サクッと
こたえ
あわせ
答え 116ページ
月 日

書いて覚えよう!

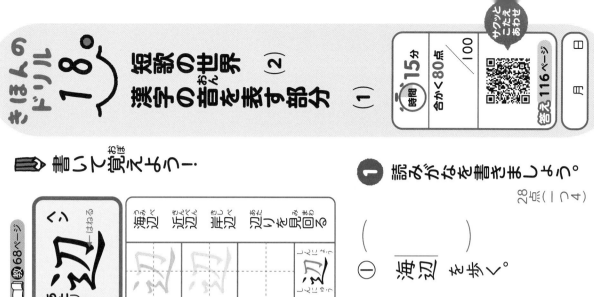

□教68ページ
ヘン・あたり・べ
辺 ←はねる
5画 辺 辺 辺

海辺 近辺 岸辺 辺りを見回る

□教71ページ
イ・もって
以
5画 以 以 以 以

以外 以上 以下 以前
以と

□教72ページ
ハン・めし
飯 ←たてに
12画 飯 飯 飯 飯 飯 飯 飯 飯 飯 飯 飯 飯

夕飯 ご飯 にぎり飯 昼飯

□教72ページ
アン・とめる
案
10画 案 案 案 案 案 案 案 案 案 案

名案 案内 思案

□教73ページ
ジ
児 ←上にはねる
7画 児 児 児 児 児 児 児

児童 育児 児童会

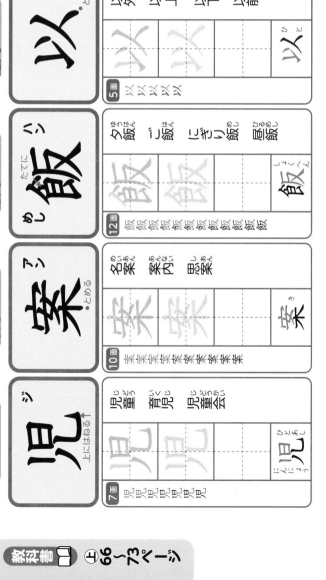

① 読みがなを書きましょう。
28点(一つ4)

① 海辺 を歩く。

② 本屋の 近辺 で会う。

③ 百年 以上 前のこと。

④ ご 飯 を用意する。

⑤ 昼飯 を食べる。

⑥ 名案 を思いつく。

⑦ 児童 を校庭に集める。

2 ③・②・①の「た」「ち」「つ」の同音の漢字が使い分けましょう。

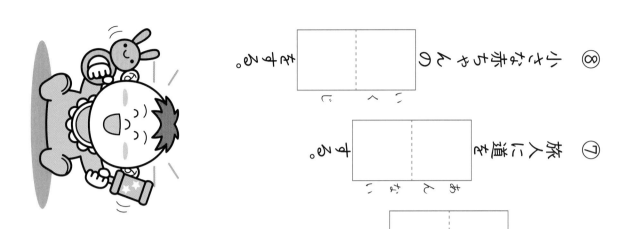

2 あてはまる漢字を書きましょう。 72点(1つ9)

① 大雪のため、一面に□（あた）世界が広がる。

② 川の□（きし）を歩き回る。

③ □□（きんてん）をさがす。

④ この乗り物は小学生□（いか）しか乗れない。

⑤ 母が作った□（し）を昼食として食べる。

⑥ 今日のお□□（ゆうはん）はカレーライスだ。

⑦ 旅人に道を□□（あんない）する。

⑧ 小さな赤ちゃんの□□（にて）をする。

漢字の音を表す部分 (2)

サクッと
こたえ
あわせ

時間 15分
合かく80点
/100
答え 116ページ

月　日

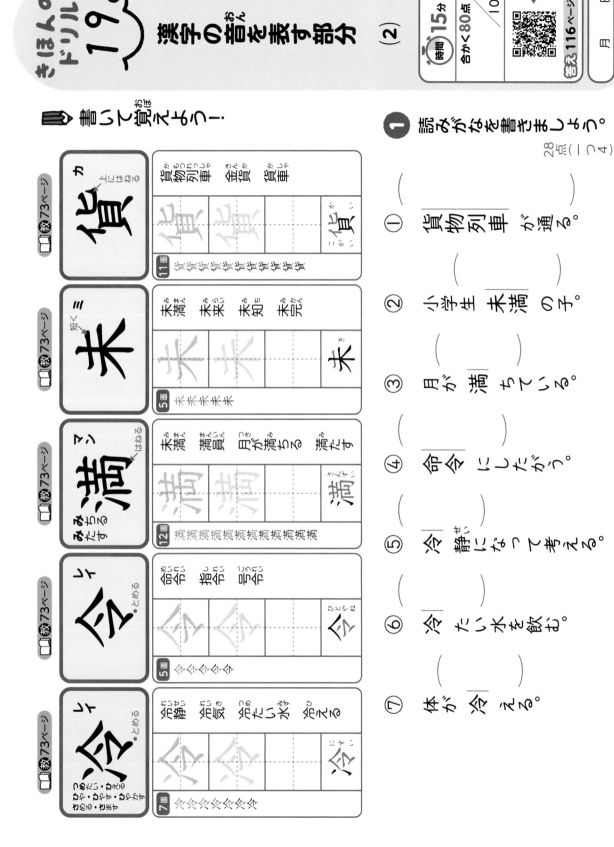

📖 書いて覚えよう！

📖教73ページ

| か | 貨物列車 金貨 貨車 |

11画 貨貨貨貨貨貨貨貨貨貨貨

📖教73ページ

| ミ 未 | 未満 未来 未知 未完 |

5画 未未未未

📖教73ページ

| ミ 満 みちる みたす | 未満 満員 月が満ちる 満たす |

12画 満満満満満満満満満満満満

📖教73ページ

| レイ 令 | 命令 指令 号令 |

5画 令令令令令

📖教73ページ

| レイ 冷 つめたい・ひやす ひや・ひやす・ひえる さめる・さます | 冷静 冷気 冷たい水 冷える |

7画 冷冷冷冷冷冷冷

❶ 読みがなを書きましょう。

28点(一つ4)

① （　　　　）
貨物列車 が 通る。

② （　　　　）
小学生 未満 の子。

③ （　　　　）
月が 満 ちている。

④ （　　　　）
命令 にしたがう。

⑤ （　　　　）
冷静 になって考える。

⑥ （　　　　）
冷 たい水を飲む。

⑦ （　　　　）
体が 冷 える。

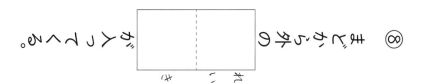

2 あてはまる漢字を書きましょう。

① きん□□の山が見つかる。

② み□ち□の世界にあこがれる。

③ コップは水でみ□たされている。

④ バスケットボールはき□こ□と□いでする。

⑤ リーダーのし□れ□い□をまもる。

⑥ 先生がこ□れ□い□をかける。

⑦ ただひ□ジュースを飲みほす。

⑧ まどから外のけ□し□き□がくてくる。

「みち」の「ち」は横画が一本多いよ。ちがいに気をつけよう。

漢字の音を表す部分 (3)

時間 15分
合かく80点
／100
サクッと
こたえ
あわせ
答え 116ページ
月 日

📝 書いて覚えよう!

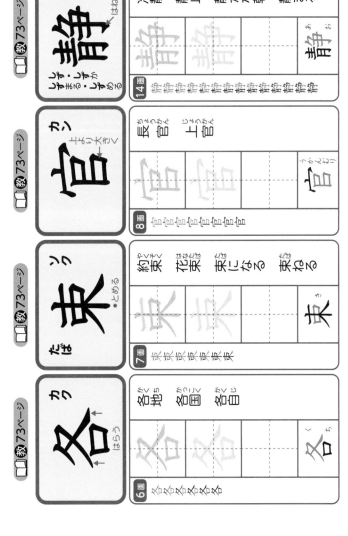

	セイ
📖教73ページ	静 しず・しずまる・しずめる はねる

冷静 れいせい
静止 せいし
静かな しずかな
朝 あさ
静まる しずまる

14画

	カン
📖教73ページ	官

長官 ちょうかん
上官 じょうかん

8画

	ソク
📖教73ページ	束 たば・たばねる とめる

約束 やくそく
花束 はなたば
束になる たばになる
束ねる たばねる

7画

	カク
📖教73ページ	各 おのおの はらう

各地 かくち
各国 かっこく
各自 かくじ

6画

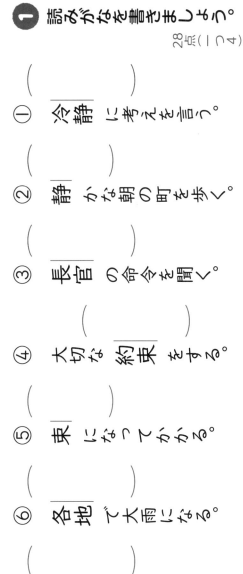

1 読みがなを書きましょう。

28点(1つ4)

① 冷静 に考えを言う。
（　　　）

② 静 かな朝の町を歩く。
（　　　）

③ 長官 の命令を聞く。
（　　　）

④ 大切な 約束 をする。
（　　　）

⑤ 束 になってかかる。
（　　　）

⑥ 各地 で大雨になる。
（　　　）

⑦ 各国 のくびと。
（　　　）

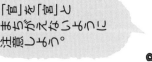

「官」を「宮」と
まちがえないように
注意しよう。

❷ あてはまる漢字を書きましょう。

① かまりは向日ますえらへ □ した。
しょ

② 夜になるといこの辺りは人通りがへって □ になる。
しず

③ 先生の合図で □ する。
せ い し

④ □ の命令にしたがって行動する。
じ ょ かん

⑤ 姉がオリガミで □ を作る。
は な た

⑥ たくさんの紙を一こに □ ね。
は た

⑦ 友達と遊ぶ □ をする。
か へ ん そ へ

⑧ 昼食を □ で用意する。
か へ じ

1 漢字の読みがなを書きましょう。　　52点(1つ4)

① 満員の電車に乗り合わせる。（　　　）

② 友達からの伝言を聞く。（　　　）

③ 冷たい飲み物を注文する。（　　　）

④ 児童会で折りづるを集める。（　　　）（　　　）

⑤ 上官の指令にしたがう。（　　　）（　　　）

⑥ 赤ちゃんとお宮参りをする。（　　　）

⑦ 大きなバラの花束をもらう。（　　　）

⑧ この辺りの景色は観光名所になっている。（　　　）（　　　）

⑨ 夕ご飯を静かに食べる。（　　　）（　　　）

2 あてはまる漢字を、〔 〕には送りがなを書きましょう。

48点（1つ4）

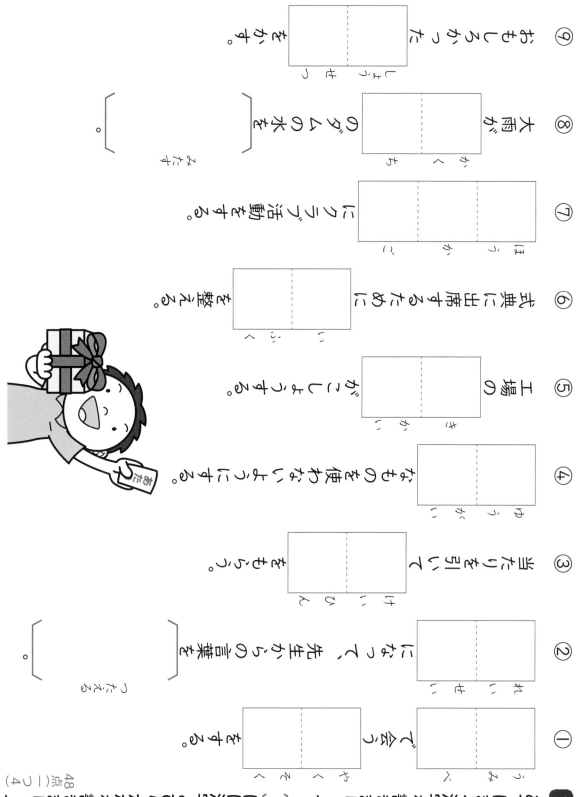

① 　□□（こんど）で会う。　□□（へんじ）をする。

② 　□□（れいせい）になって、先生からの言葉を〔　　〕（つたえる）。

③ 　当たりを引いて□□（けいひん）をもらう。

④ 　□□（ゆうがい）のものを使わないようにする。

⑤ 　工場の□□（きかい）がきゅうにていしする。

⑥ 　式典に出席するために□□（ふくそう）を整える。

⑦ 　□□□（ほうかご）にクラブ活動をする。

⑧ 　大雨が□□（ちかへん）のダムの水を〔　　〕（みたす）。

⑨ 　おもしろい□□（しょうせつ）をさがす。

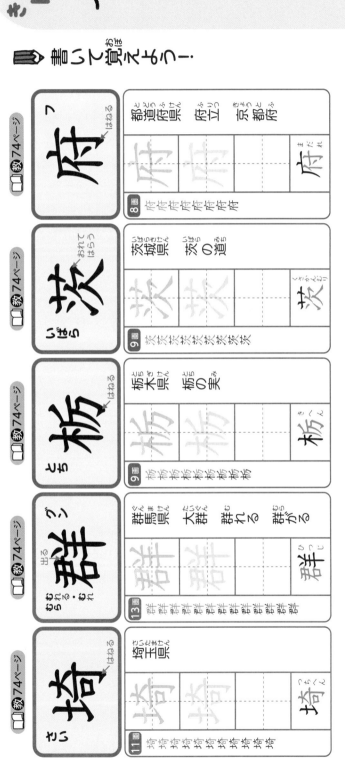

22 都道府県名に用いる漢字 (1)

きほんのドリル

時間 15分　合かく80点　／100　答え 117ページ

月　日

✏ 書いて覚えよう!

教74ページ
府 ⁷ はねる
ふ
都道府県　府立　京都府
府　府　　　府
8画 府府府府府府府

教74ページ
茨 おれて はらう
いばら
茨城県　茨の道
茨　茨　　　茨
9画 茨茨茨茨茨茨茨茨茨

教74ページ
栃 はねる
とち
栃木県　栃の実
栃　栃　　　栃
9画 栃栃栃栃栃栃栃栃栃

教74ページ
群 出る むられる・むれ・むれる
ぐん
群馬県　大群　群れる　群がる
群　群　　　群
13画 群群群群群群群群群群群群群

教74ページ
埼 はねる
さい
埼玉県
埼　埼　　　埼
11画 埼埼埼埼埼埼埼埼埼埼埼

👀 読んで覚えよう!

●…特別な読み方をする漢字

教74ページ 宮城 みやぎ
教74ページ 茨城 いばらき

1 読みがなを書きましょう。
20点(1つ4)

① 都道府県 の地図。
（　　　　　）

② 茨城県 産のなっとう。
（　　　　　）

③ 栃木県 産のいちご。
（　　　　　）

④ 群馬県 産のねぎ。
（　　　　　）

⑤ 埼玉県 産のせんべい。
（　　　　　）

うらのページにつづく→

てびき ❷ ⑥「ひつじゅん」「ふく数のかん字を、」について勉強する。

❷ あてはまる漢字を書きましょう。 8点（1つ1）

① 図書館へ、本をかりに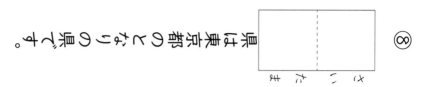へ行く。

② 旅行のおみやげに、やかまぼこを買う。

③ 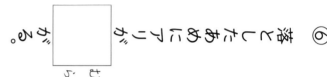県は、メロンの産地として有名だ。

④ 県には日光東照宮があります。

⑤ 小鳥が水辺に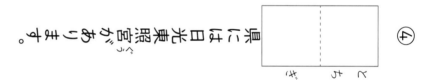れる。

⑥ 落としたあなに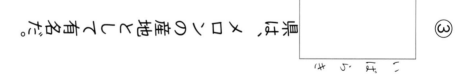がる。

「ふ」の8画目は、はねるのをわすれないでね。

⑦ ミシンの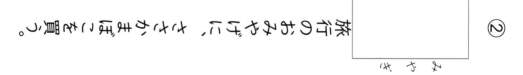がおかしくなる。

⑧ 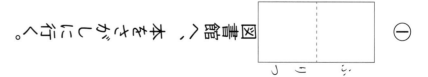県は東京都のとなりの県です。

44

都道府県名に用いる漢字 (2)

書いて覚えよう！

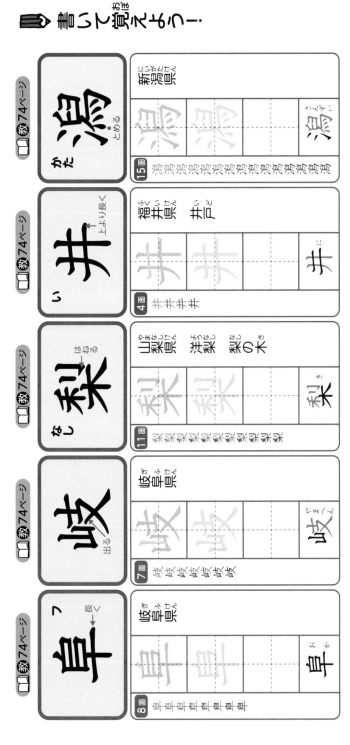

□教74ページ
潟 かた とめる
新潟県
15画 潟潟潟潟潟潟潟潟潟潟潟潟潟潟潟

□教74ページ
井 い 上より長く
福井県 井戸
4画 井井井

□教74ページ
梨 なし はねる
山梨県 洋梨 梨の木
11画 梨梨梨梨梨梨梨梨梨梨梨

□教74ページ
岐 き 出る
岐阜県 岐
7画 岐岐岐岐岐

□教74ページ
阜 ふ 長く
岐阜県
8画 阜阜阜阜阜阜阜阜

読んで覚えよう！

●…特別な読み方をする漢字

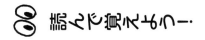
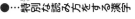

教74ページ 神奈川 かながわ

教74ページ 富山 とやま

教74ページ 岐阜 ぎふ

1 読みがなを書きましょう。
20点(一つ4)

① 新潟県産の米。
（　　　　　）

② 福井県で化石を発見。
（　　　　　）

③ 山梨県産のぶどう。
（　　　　　）

④ 梨の木に花が付く。
（　　　　　）

⑤ 岐阜県の温せん。
（　　　　　）

→うらのページにつづく→

2 あてはまる漢字を書きましょう。

80点（一つ10）

① [　　]（かながわ）旅行のおみやげを買う。

② [　　]（にいがた）県産のお米で酒をつくる。

③ [　　]（とやま）県のダムの見学に行く。

④ [　　]（いど）の水をくむ。

⑤ [　　]（やまなし）県の名物のほうとうを食べる。

⑥ [　　]（ようなし）はヨーロッパが原産だ。

⑦ 家に[　　]（なし）の木を植える。

⑧ 夜ご飯は[　　]（ぎふ）県産の牛のステーキだ。

ヒント 2 ②「がた」の「臼」の形に注意しましょう。

きほんの ドリル 24

都道府県名に用いる漢字 （3）

時間 15分 ／ 合かく80点 ／100 答え117ページ

月 日

✏ 書いて覚えよう！

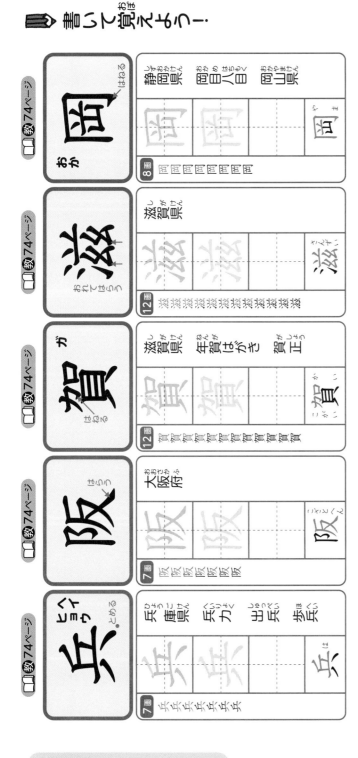

教74ページ	岡 はねる おか	静岡県 岡目八目 岡山県 ⑧画 岡岡岡岡岡岡岡岡
教74ページ	滋 おれてはらう しげる	滋賀県 ⑫画 滋滋滋滋滋滋滋滋滋滋滋滋
教74ページ	賀 が はねる	滋賀県 年賀はがき 賀正 ⑫画 賀賀賀賀賀賀賀賀賀賀賀賀
教74ページ	阪 さか はらう	大阪府 ⑦画 阪阪阪阪阪阪阪
教74ページ	兵 ヒョウ とめる	兵庫県 兵力 出兵 歩兵 ⑦画 兵兵兵兵兵兵兵

👀 読んで覚えよう！

●…特別な読み方をする漢字

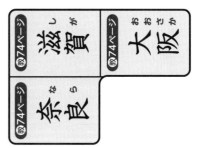

教74ページ	滋賀 し が
教74ページ	大阪 おおさか
教74ページ	奈良 な ら

1 読みがなを書きましょう。

20点(一つ4)

① 静岡県 産のお茶。
（　　　　　）

② 滋賀県 産のアユ。
（　　　　　）

③ 大阪 名物のたこ焼き。
（　　　　　）

④ 兵庫県 の淡路島。
（　　　　　）

⑤ 奈良県 のつけもの。
（　　　　　）

教科書📖 上 74〜75ページ

↓うらのページにつづくよ！

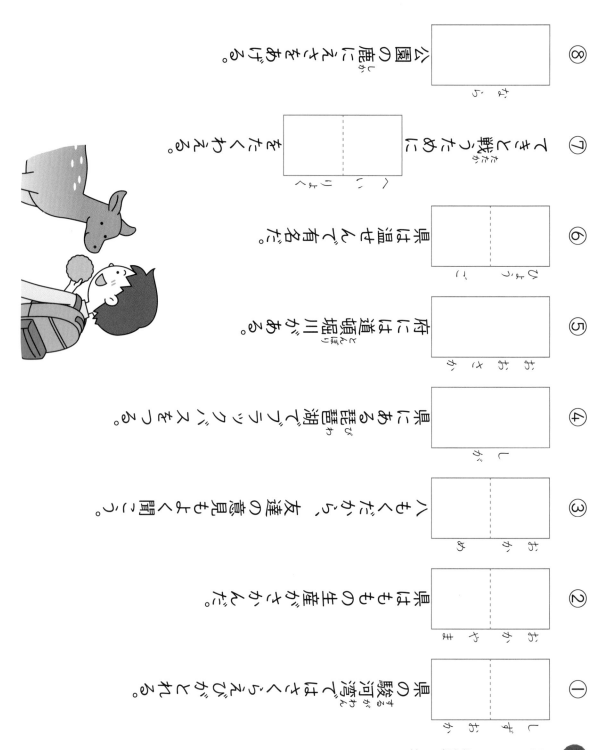

③「おなじ人」は、「同じ人」のように、まちがって正しくないほうへ見分けられる「同」とつかう意味です。

2　あてはまる漢字を書きましょう。

①　□□県の駿河湾(するがわん)ではさかなが多くとられる。（し・ず・お・か）

②　□□県はももの生産がさかんだ。（お・か・や・ま）

③　□□人もいるから、友達の意見もよく聞こう。（お・か・め）

④　□□県にある琵琶湖(びわこ)でブラックバスをつる。（し・が）

⑤　□□府には道頓堀川(どうとんぼりがわ)がある。（お・お・さ・か）

⑥　□□県は温泉(おんせん)で有名だ。（ひ・つ）

⑦　戦(たたか)うために□□をたくさんたくわえる。（へ・い）

⑧　□公園の鹿(しか)にえさをあげる。（な・ら）

時間 15分　合かく80点　/100　答え117ページ　サクッとこたえあわせ　月　日

書いて覚えよう！

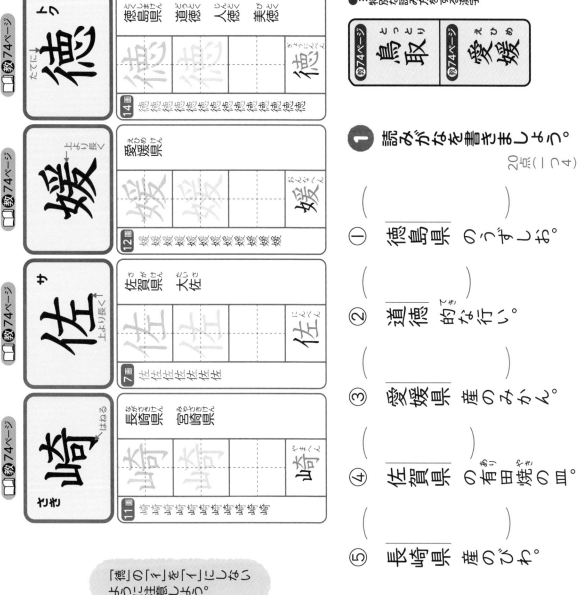

教74ページ	たてに長く 徳	とくしまけん 徳島県　どうとく 道徳　じんとく 人徳　びとく 美徳　14画
教74ページ	上より長く 媛	えひめけん 愛媛県　おんなへん 媛
教74ページ	サ 上より長く 佐	さがけん 佐賀県　たいさ 大佐　7画
教74ページ	さき はねる 崎	ながさきけん 長崎県　みやざきけん 宮崎県　11画

読んで覚えよう！

●…特別な読み方をする漢字

| 教74ページ とっとり 鳥取 | 教74ページ えひめ 愛媛 |

1 読みがなを書きましょう。
20点（一つ4）

① 徳島県 のうずしお。

② 道徳 的な行い。

③ 愛媛県 産のみかん。

④ 佐賀県 の有田焼の皿。

⑤ 長崎県 産のびわ。

「徳」の「㇫」を「イ」にしないように注意しよう。

2 あてはまる漢字を書きましょう。 80点（1つ10）

① 砂丘は、風がつよくふいてくる。

② わたしのおとうとは、とても明るくて、ゆかいなところがある。

③ のうぎょうを受ける。

④ 熱心に勉強しているせいとは、最高のせいとです。

⑤ 県産のタオルを使う。

⑥ 県はのりの生産で有名だ。

⑦ 県の平和公園をおとずれる。

⑧ 県産のストロベリーを食べる。

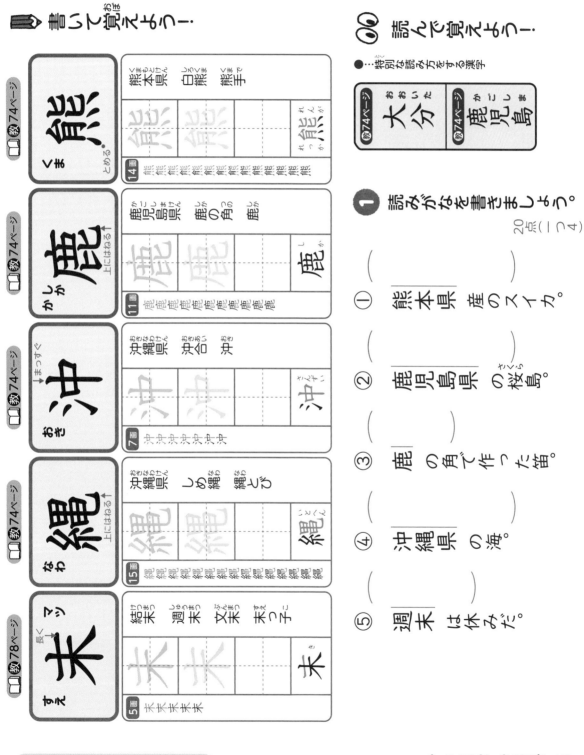

きほんのドリル

26

都道府県名に用いる漢字 (5)
落語 ぞろぞろ (1)

時間 15分
合かく80点
/100

サクッとこたえあわせ
答え 117ページ

月　日

書いて覚えよう!

熊 くま／とめる
教74ページ
14画
熊本県 白い熊 熊手

鹿 か・しか／上にはねる↑
教74ページ
11画
鹿児島県 鹿の角 鹿

沖 おき／まっすぐ↓
教74ページ
7画
沖縄県 沖合い 沖

縄 なわ／上にはねる↑
教74ページ
15画
沖縄県 縄とび 縄

末 すえ／マツ／長く←
教78ページ
5画
結末 週末 文末 末っ子

読んで覚えよう!

●…特別な読み方をする漢字

教74ページ 大分 おおいた
教74ページ 鹿児島 かごしま

1 読みがなを書きましょう。

20点(一つ4)

① （　　　　）熊本県 産のスイカ。

② （　　　　）鹿児島県 の桜島。

③ （　　　　）鹿 の角で作った笛。

④ （　　　　）沖縄県 の海。

⑤ （　　　　）週末 は休みだ。

2 あてはまる漢字を書きましょう。

① 動物園で大きな □□（し ま）を見る。

② □□（く ま）で落ち葉をかき集める。

③ □□□（お い た）県は、はたけの生産がさかんだ。

④ 森のおくで □（し か）の群れを見た。

⑤ □□□□（か ご し ま）県は、ロケットの打ち上げでゆうめいがある。
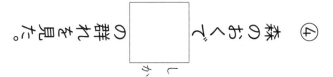

⑥ 家族で海水浴に行って、□（お き）の方まで泳ぐ。

⑦ 友達と外で元気に □（な わ）とびをして遊ぶ。

⑧ わたしは兄弟の中の □（す え）っ子だ。

落語 ぞろぞろ (2)

書いて覚えよう!

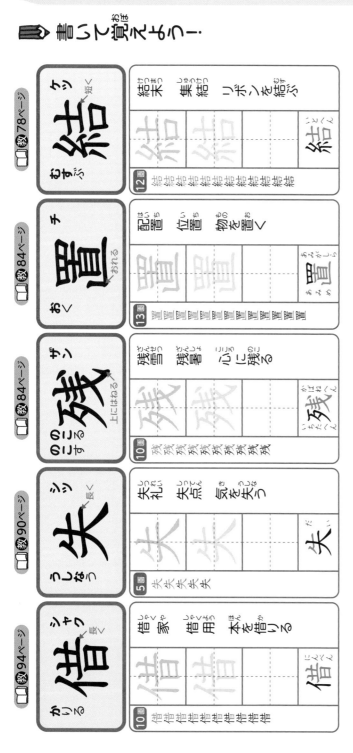

教78ページ

結
ケツ
むすぶ

短く

結末　集を結ぶ　リボンを結ぶ

12画 結結結結結結結結結結結結

教84ページ

置
チ
おく
おかれる

配置　位置　物を置く

13画 置置置置置置置置置置置置置

教84ページ

残
ザン
ののこる
のこす

上にはねる

残雪　残暑　心に残る

10画 残残残残残残残残残残

教90ページ

失
シツ
うしなう

長く

失礼　失点　気を失う

5画 失失失失失

教94ページ

借
シャク
かりる

長く

借家　借用　本を借りる

10画 借借借借借借借借借借

1 読みがなを書きましょう。

28点(一つ4)

① 物語の 結末 を 知る。（　　　）

② リボンを 結 ぶ。（　　　）

③ 家具を 配置 する。（　　　）

④ 山に 残雪 がある。（　　　）

⑤ 心に 残 る言葉。（　　　）

⑥ 失礼 な発言をわびる。（　　　）

⑦ 友達の辞書を 借 りる。（　　　）

❷ あてはまる漢字を書きましょう。

① 多くの人々が公園に〔しゅうごう〕した。

② 箱から取り出した薬をそのコップの上に〔お〕く。

③ 学校の〔いち〕を地図上にしめす。

④ 大発見をして、後世に名が〔のこ〕る。

⑤ 友達に〔にもつ〕みまいを送る。

⑥ おそろしさのあまり気を〔うしな〕う。

⑦ 相手チームが〔しってん〕する。

⑧ 大会の会場を〔せっち〕する。

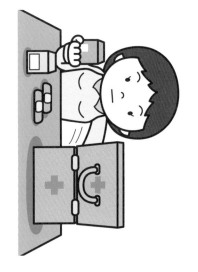

四月から七月に習った
漢字と言葉 (1)

① 漢字の読みがなを書きましょう。　16点(1つ2)

① 初心 に返る。（　　　　　）

② 努力 して学ぶ。（　　　　　）

③ 楽しく 笑 う。（　　　　　）

④ 話を 最後 まで聞く。（　　　　　）

⑤ 順番 を守る。（　　　　　）

⑥ 科学の 実験 をする。（　　　　　）

⑦ 関係 のない話。（　　　　　）

⑧ 長さの 単位 。（　　　　　）

② あてはまる漢字を書きましょう。　24点(1つ3)

① 家の ［まわ］ りを散歩する。

② ［まご］ の手を使う。

③ 国を ［おさ］ める。

④ 大名の ［か　し　ん］ 。

⑤ ［き　ょ　う　く　ん］ をえる。

⑥ 本を ［い　ん　さ　つ］ する。

⑦ ［お　い　ど　く　し　ょ］ をよむ。

⑧ 連休に ［か　せ　い］ する。

③ 次の漢字の、主として意味を表す部分（部首）の名前を、あとから選んで、記号で書きましょう。目印とする部分がわかるように、□に書きましょう。　24点（1つ3）

① 加　動（　）
③ 体　借（　）
⑤ 雲　雪（　）
⑦ 完　留（　）

② 芽　英（　）
④ 沖　浴（　）
⑥ 庭　府（　）
⑧ 園　国（　）

［
ア まだれ
イ りっとう
ウ ちから
エ くにがまえ
オ ちんがまえ
カ にすい
キ あめかんむり
ク くさかんむり
ケ さんずい
］

④ 次の言葉の反対の意味の言葉を〔 〕の漢字を組み合わせて書きましょう。　20点（1つ5）

① 運動 ←→ （　　）
③ 起立 ←→ （　　）
② 君主 ←→ （　　）
④ 人工 ←→ （　　）

〔 静　着　下　臣　自　然　止　席 〕

⑤ 次の□に共通してあてはまる漢字を書きましょう。　16点（1つ4）

① □成・□上・□配　□
② 地□・□国・□自　□
③ □号・□指・□命　□
④ □数・大□・□重　□

四月から七月に習った
漢字と言葉 (2)

時間 20分　合かく80点　／100
答え 117ページ
月　日

⭐ **1** 漢字の読みがなを書きましょう。　16点(1つ2)

① 昼食を持参する。（　）
② 客人を案内する。（　）
③ 景色をながめる。（　）
④ 冷たい風がふく。（　）
⑤ 海辺を散歩する。（　）
⑥ 使い方を説明する。（　）
⑦ 残念なお知らせ。（　）
⑧ 約束を守る。（　）

⭐ **2** あてはまる漢字を書きましょう。　24点(1つ3)

① ぐんま ［　｜　］県
② なし ［　］の花は白い。
③ わかやま ［　｜　］県
④ ぎふ ［　］県
⑤ にいがた ［　｜　］県
⑥ おかやま ［　｜　］県
⑦ こ　ど ［　｜　］をほる。
⑧ しが ［　］県

4 次の——線の言葉を、あとの漢字から選んで書きましょう。30点(6つ1○)

① 新しいプールをケンセツする。（　　　　）
　ケ〔結　決　血〕　セ〔成　星　正〕

② 小学校のジドウ会で話し合う。（　　　　）
　ジ〔児　治　地〕　ウ〔童　動　道〕

③ 今後のカダイを話し合う。（　　　　）
　カ〔化　加　課〕　ダイ〔代　題　第〕

④ 自分が今立っているイチを知らせる。（　　　　）
　イ〔意　位　衣〕　チ〔置　治　池〕

⑤ 工場で新しいキカイが使われる。（　　　　）
　キ〔機　期　記〕　カイ〔会　開　械〕

3 次の言葉の読み方として正しいものを選び、記号で答えましょう。30点(5つ1○)

① 満ちる　【ア　みちる　イ　へちる　ウ　おちる】（　　　）
② 静か　【ア　ひそか　イ　おだやか　ウ　しずか】（　　　）
③ 別れる　【ア　おだれる　イ　はなれる　ウ　わかれる】（　　　）
④ 努める　【ア　いためる　イ　つとめる　ウ　つしめる】（　　　）
⑤ 香る　【ア　かじる　イ　かおる　ウ　かかる】（　　　）
⑥ 省く　【ア　はじく　イ　はやく　ウ　はぶく】（　　　）

きほんの
ドリル
30

写真から読み取る
作ろう学級新聞 （1）

時間 15分
合かく80点
/100

サクッと
こたえ
あわせ

答え 118ページ

月　日

✐ 書いて覚えよう！

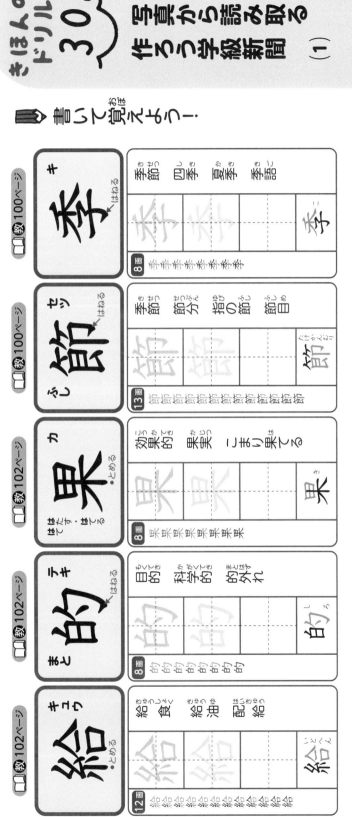

季 キ（はねる）
季節　四季　夏季　季語
8画　季季季季季季季季
教100ページ

節 セツ（はねる）　ふし
季節　節分　指の節　節目
13画　節節節節節節節節節節節節節
教100ページ

果 カ　はてる・はて・はたす（とめる）
効果的　果実　にまり　果てる
8画　果果果果果果果果
教102ページ

的 テキ（はねる）　まと
目的　科学的　的外れ　的
8画　的的的的的的的的
教102ページ

給 キュウ（とめる）
給食　給油　配給　給う
12画　給給給給給給給給給給給給
教102ページ

❶ 読みがなを書きましょう。

28点（一つ4）

① 季節 の行事を行う。
（　　　　）

② 節目 をむかえる。
（　　　　）

③ 効果的 に使う。
（　　　　）

④ 自分の役目を 果たす。
（　　　　）

⑤ 遠足の 目的 を話す。
（　　　　）

⑥ 的 に当たる。
（　　　）

⑦ 給食 を食べる。
（　　　　）

ヒント 2 ②・③「べつ」「べっ」の漢字は〔今はちがう〕です。

2 あてはまる漢字を書きましょう。

72点
(1つ6)

① 東京で □□ オリンピックが開かれる。

② 指の □ を曲げる。

③ □□ の日に豆をまきます。
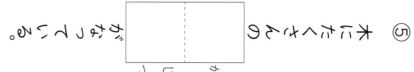

④ わがままな行動にはしり □ て……る。
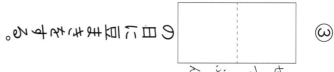

⑤ 木にたくさんの □□ がしげっている。
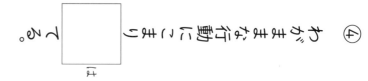

⑥ □ 外れな発言をしない。

⑦ 物事を □□□□ にとらえる。

⑧ □□ コンテストをする。

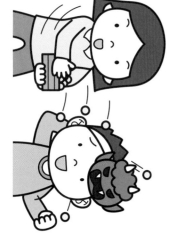

作ろう学級新聞 (2)　送りがなのつけ方 (1)

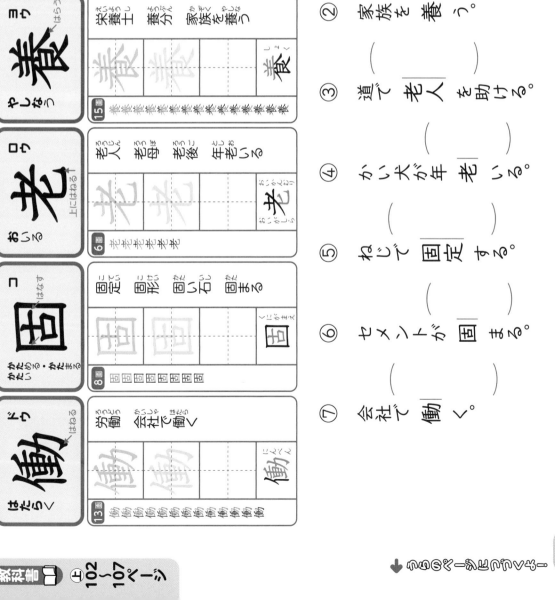

✏️ 書いて覚えよう！

エイ 栄 さかえる（教103ページ）
栄養　栄光　国が栄える
9画

ヨウ 養 やしなう（教103ページ）
栄養士　養分　家族を養う
15画

ロウ 老 おいる（教107ページ）上にはねる
老人　老母　老後　年老いる
6画

コ 固 かためる・かたまる（教107ページ）
固定　固形　固い石　固まる
8画

ドウ 働 はたらく（教107ページ）
労働　会社で働く
13画

1 読みがなを書きましょう。

28点(一つ4)

① 栄養 がある食べ物。

② 家族を養う。

③ 道で老人を助ける。

④ かい犬が年老いる。

⑤ ねじで固定する。

⑥ セメントが固まる。

⑦ 会社で働く。

❷ あてはまる漢字を書きましょう。

① ちいさな□（か）がさかえてくる。

② 根から水と□□（よう・ぶん）を取り入れる。

③ 年□（お）いた動物たちの世話をする。

④ □□□（り・ろ・く）のくみたてについて考える。

⑤ □（た）い石をどける。

⑥ □□（こ・け）のテープでカードを作る。

⑦ 父は工場で□（はたら）いている。

⑧ 自動車の会社で□□（と・う）する。

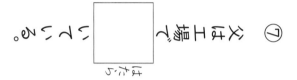

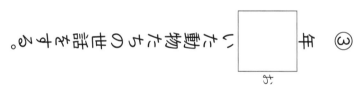

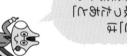
⑥の「こつ」は「手に取る」ときに使います。

きほんのドリル 32

送りがなのつけ方 (2)

時間 15分　合かく80点　／100

サクッとこたえ
あわせ

答え118ページ

月　日

✐ 書いて覚えよう！

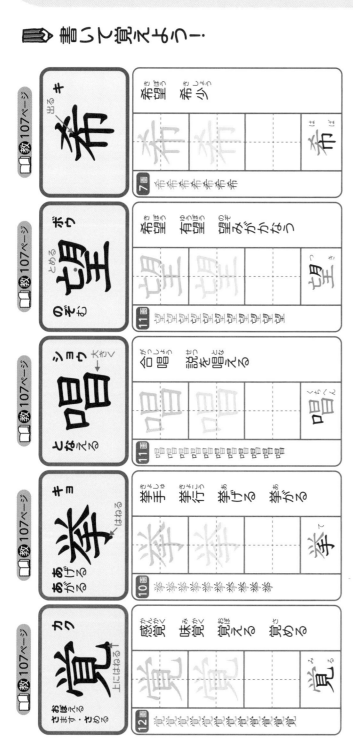

教107ページ	キ 出るキ 希	希望 希少				は 希は
		7画 希希希希希希希				

教107ページ	ボウ とめる 望 のぞむ	希望 有望 望む 望みがかなう				切 も 望き
		11画 望望望望望望望望望望望				

教107ページ	ショウ 大きく→ 唱 となえる	合唱 説を唱える				唱くちへん
		11画 唱唱唱唱唱唱唱唱唱唱唱				

教107ページ	キョ はねる 挙 あがる あげる	挙手 挙行 挙げる 挙がる				挙て
		10画 挙挙挙挙挙挙挙挙挙挙				

教107ページ	カク 上にはねる↓ 覚 おぼえる さます・さめる	感覚 味覚 覚える 覚める				覚み る
		12画 覚覚覚覚覚覚覚覚覚覚覚覚				

1 読みがなを書きましょう。

28点(1つ4)

① 未来に 希望 をもつ。
（　　　　）

② 望 みがかなう。
（　　　　）

③ 合唱 の練習をする。
（　　　　）

④ 新説を 唱 える。
（　　　　）

⑤ 両手を 挙 げる。
（　　　　）

⑥ 挙手 をして発言する。
（　　　　）

⑦ 漢字を 覚 える。

2 あてはまる漢字を書きましょう。

① キ □□ ちょう な生物を発見する。

② □□ ぞ の 山の景色を □ む場所に立つ。

③ ゆ □□ ほ う こ う な人物を見つけ出す。

④ 話し合いについて、反対の意見を と な える。

⑤ チームで全力を あ げて、ゆう勝した。

⑥ 記念の式典が き □□ よ う こ う される。

⑦ 母に □ ま い われてからゆめがさめる。

⑧ 調理を仕事にする姉の み □□ か く はとてもするどい。

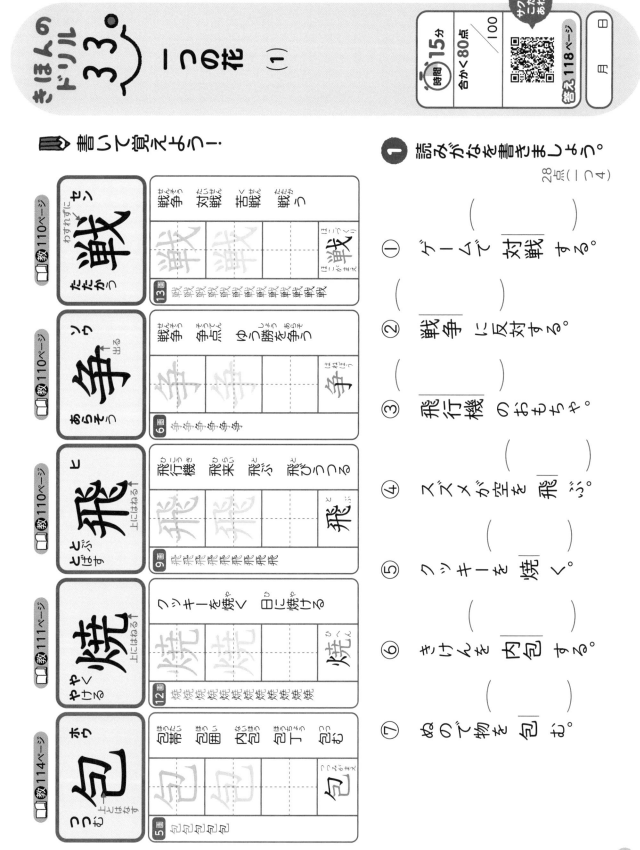

📝 書いて覚えよう！

| 教110ページ | セン たたかう | 戦 | 戦わずに | 戦争 | 対戦 | 苦戦 | 戦う ほうりがまえ | 戦戦戦戦戦戦戦戦戦戦戦戦戦 13画 |

| 教110ページ | ソウ あらそう | 争 出る | | 戦争 | 争点 | ゆうしょう勝を争う | 争はねる 争争争争争争 6画 |

| 教110ページ | ヒ とぶ とばす 上にはねる | 飛 | | 飛行機 | 飛び来る | 飛ぶ | 飛びうつる とぶ 飛飛飛飛飛飛飛飛飛 9画 |

| 教111ページ | ショウ やく やける 上にはねる | 焼 | | クッキーを焼く | 日に焼ける | 焼ひん 焼焼焼焼焼焼焼焼焼焼焼焼 12画 |

| 教114ページ | ホウ つつむ 上とはなす | 包 | | 包帯 | 包囲 | 内包 | 包丁 | 包む こうがまえ 包包包包包 5画 |

1 読みがなを書きましょう。
28点(一つ4)

① ゲームで 対戦 する。
（　　　　　）

② 戦争 に 反対 する。
（　　　　　）

③ 飛行機 のおもちゃ。
（　　　　　）

④ スズメが空を 飛 ぶ。
（　　　　　）

⑤ クッキーを 焼 く。
（　　　　　）

⑥ きけんを 内包 する。
（　　　　　）

⑦ ぬの で物を 包 む。
（　　　　　）

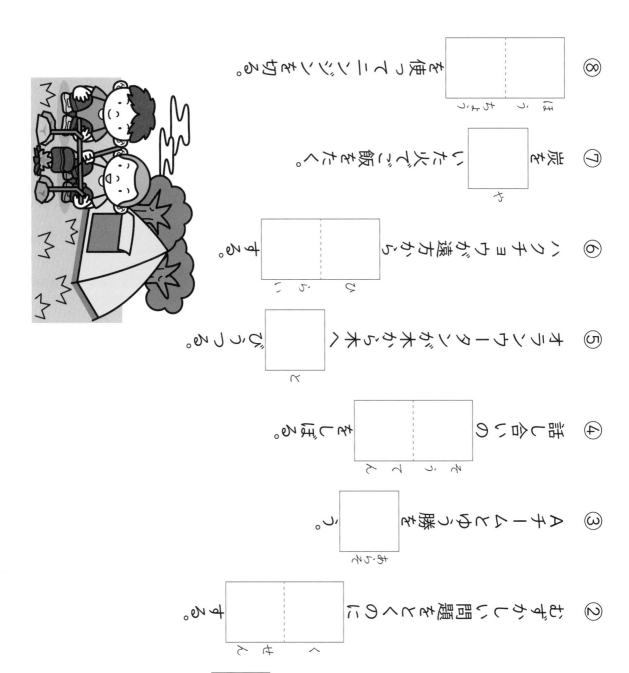

2 あてはまる漢字を書きましょう。

72点(1つ9)

① 相手にわかるようにていねいにつたえようとする。□く。

② むずかしい問題をとくのに□□する。

③ チームのゆう勝を□う。

④ 話し合いの□□をしぼる。

⑤ オランウータンが木へ□びうつる。

⑥ ハンショウが遠方から□□□する。

⑦ 炭を□いた火でご飯をたく。

⑧ □□□を使ってパンを切る。

一つの花 (2)

時間 15分　合かく80点　/100　サクッとこたえあわせ　答え118ページ　月　日

✏️ 書いて覚えよう！

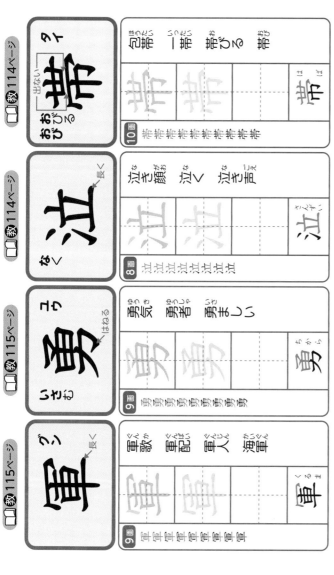

教114ページ	タイ 帯 おびる	包帯 一帯 帯びる 帯 帯 帯 帯 [10画] 帯帯帯帯帯帯帯帯帯帯
教114ページ	泣 なく	泣き顔 泣く 泣き声 泣 泣 泣 [8画] 泣泣泣泣泣泣泣泣
教115ページ	ユウ 勇 いさむ	勇気 勇者 勇ましい 勇 勇 勇 [9画] 勇勇勇勇勇勇勇勇勇
教115ページ	グン 軍	軍歌 軍配 軍人 海軍 軍 軍 軍 [9画] 軍軍軍軍軍軍軍軍軍

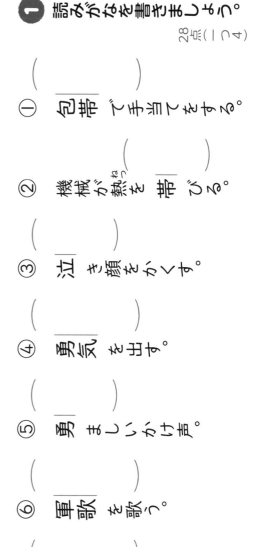

1 読みがなを書きましょう。

28点(1つ4)

① 包帯で手当てをする。

② 機械が熱を帯びる。

③ 泣き顔をかくす。

④ 勇気を出す。

⑤ 勇ましいかけ声。

⑥ 軍歌を歌う。

⑦ 軍人が行進する。

「勇」の「マ」を「ク」としないようにね。

② あてはまる漢字を書きましょう。

① 着物に合う新しい □(おび) をえらびます。

② メンバーの一員として重大な使命を □(お) びる。

③ 辺り □□(したく) が、静かな空気に包まれる。

④ 道で転んだ子どもが、大きな声で □(な) く。

⑤ つらい場面を □(かい) してじっと乗りこえている。

⑥ □□(ゆうし) は、ゆう気がある人のことだ。

⑦ わたしの意見の方に □□(ぐんばい) が上がるだろう。

⑧ 遠くに □□(きかん) の船が見える。

35

一つの花 (3)
修飾語

時間 15分
合かく80点 ／100
サクッと
こたえ
あわせ
答え 118ページ
月 日

✏️ 書いて覚えよう！

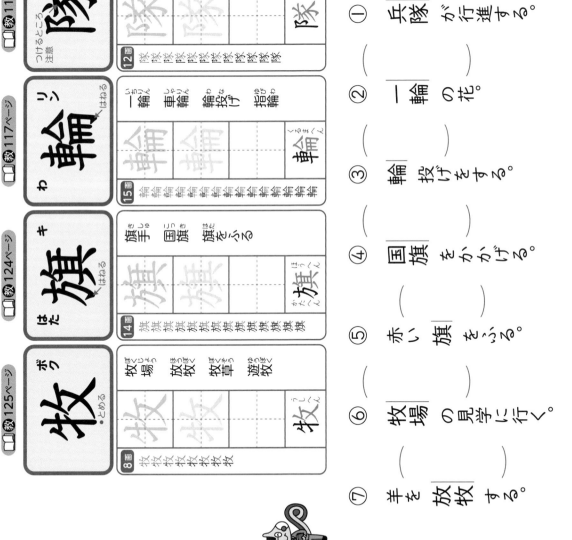

教116ページ	隊 タイ つけるところ 注意	兵隊（へいたい） 隊長（たいちょう） 隊列（たいれつ） 12画

教117ページ	輪 わ リン はねる	一輪（いちりん） 車輪（しゃりん） 輪投げ（わなげ） 指輪（ゆびわ） 15画

教124ページ	旗 はた キ はねる	旗手（きしゅ） 国旗（こっき） 旗をふる（はたをふる） 14画

教125ページ	牧 ボク とめる	牧場（ぼくじょう） 放牧（ほうぼく） 牧草（ぼくそう） 遊牧（ゆうぼく） 8画

1 読みがなを書きましょう。

28点(1つ4)

① 兵隊 が行進する。（　　　）

② 一輪 の花。（　　　）

③ 輪投 げをする。（　　　）

④ 国旗 をかかげる。（　　　）

⑤ 赤い 旗 をふる。（　　　）

⑥ 牧場 の見学に行く。（　　　）

⑦ 羊を 放牧 する。（　　　）

「旗」の「其」の横ぼうの数に気をつけましょう。

↓このページにつづくよ→

教科書 上 110〜125ページ

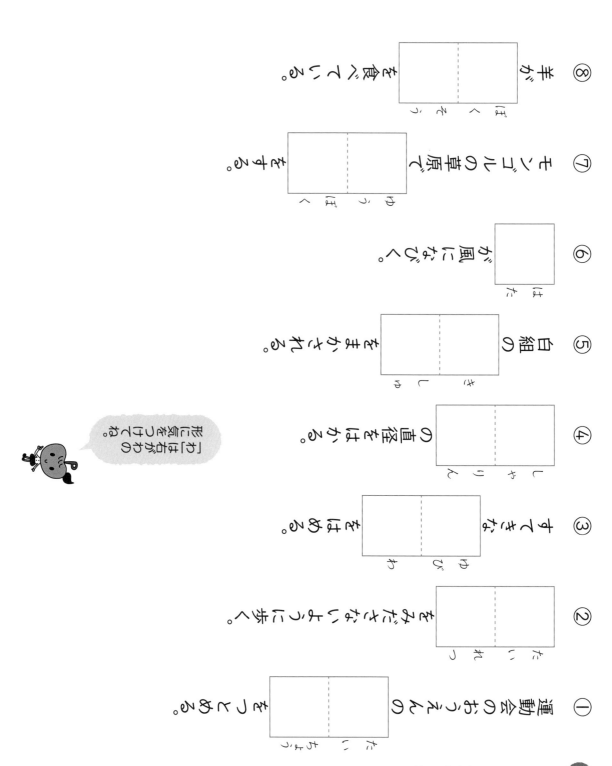

⑦「なく」「なき」は、水や食べものなどが二つ以上のちがう馬のような書き方をする。

⑧ 羊が□□□を食べている。

⑦ モンゴルの草原で□□□をする。

⑥ はた□が風になびく。

⑤ 白組の□□をまかれる。

「わ」は読み方に気をつけてね。

④ ちきゅうの□□をはかる。

③ □□□すをはじめる。

② ただ□□□をくわしくつたえる。

① 運動会のおえんの□□をつとめる。

2 あてはまる漢字を書きましょう。

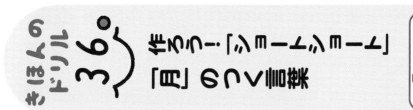

きほんの
ドリル
36

作ろう!「ショートショート」
「月」のつく言葉

時間15分　合かく80点　/100
答え118ページ
月　日

書いて覚えよう!

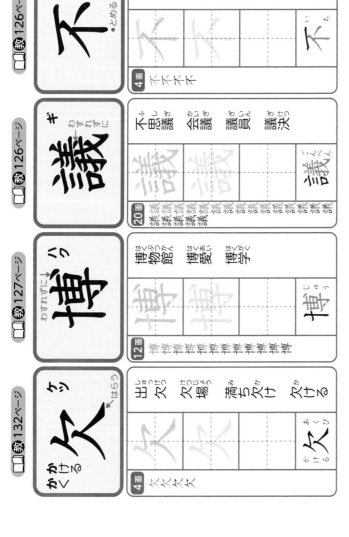

ページ	教126ページ	不 とめる フ
教126ページ	議 わすれずに ギ
教127ページ	博 わすれずに ハク
教132ページ	欠 はらう かける ケツ

1 読みがなを書きましょう。
28点(一つ4)

① 不気味 な場所。（　　　）

② ゆくえ 不明 のふね。（　　　）

③ 不思議 な色のガラス。（　　　）

④ 会議 が始まる。（　　　）

⑤ 博物館 で化石を見る。（　　　）

⑥ 先生が 出欠 をとる。（　　　）

⑦ 月の満ち 欠 け。（　　　）

「不」を「下」とまちがえないようにしましょう。

教科書 ⊕126〜133ページ

↓つぎのページにつづくよ！

71

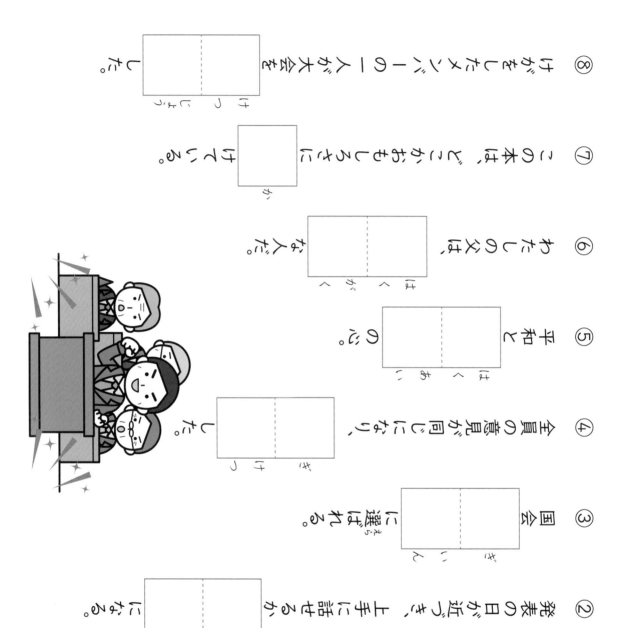

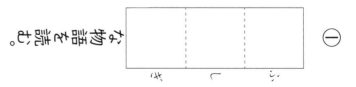

⑥「すなお」「じゆう」は、「ひらがなでも書く」同じ漢字がちがうので注意します。

② あてはまる漢字を書きましょう。 72点(1つ9)

① □□□な物語を読む。

② 発表の日が近づき、□□□上手に話せるか□□□になる。

③ 国会□□に選ばれる。

④ 全員の意見が同じになり、□□□した。

⑤ 平和と□□のぶ□□い。

⑥ わたしの父は、□□□な人だ。

⑦ この本は、いかにもおもしろそうに□□かれている。

⑧ ランナーの一人が大会を□□□にした。

写真から読み取る・「月」のつく言葉

1 漢字の読みがなを書きましょう。

52点(1つ4)

① (　　　　) 戦争 に反対し、平和を大切にする。

② 国内線の (　　　　)(　　　　) 飛行機 に 給油 する。

③ 休みの日にクッキーを (　　　　) 焼 く。

④ 新しい (　　　　) 包帯 にとりかえる。

⑤ (　　　　)(　　　　) 兵隊 が 軍歌 を歌う。

⑥ (　　　　)(　　　　) 泣 きそうになったが、勇気 をふりしぼった。

⑦ かべにしっかりと (　　　　) 固定 する。

⑧ (　　　　)(　　　　) 指輪 の絵がかかれた 旗 をふる。

⑨ おいしそうな (　　　　) 果実 を見つける。

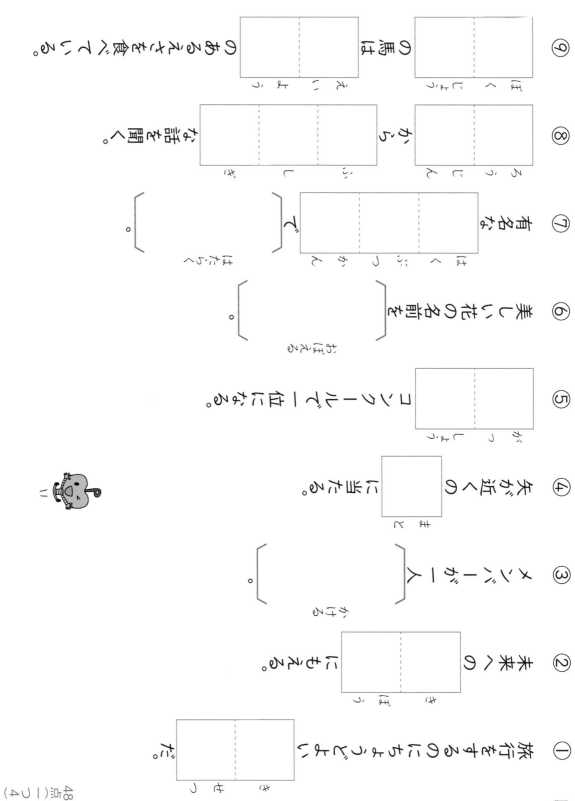

2 あてはまる漢字を書きましょう。〔 〕には漢字とひらがなを書きましょう。

① 旅行するのにちょうしのいい □□（きせつ）だ。

② 未来のことを □□（きぼう）にそなえる。

③ メンバーが一人〔かける〕。

④ 矢が近くの□（まと）に当たる。

⑤ □□（がっしょう）コンクールで一位になる。

⑥ 美しい花の名前を〔おぼえる〕。

⑦ 有名な□□□□（はくぶつかん）で〔はたらく〕。

⑧ □□□（ろうじん）から□□□（ふしぎ）な話を聞く。

⑨ □□（ほじょ）の馬は□□□（えいよう）のあるえさを食べている。

48（4つ1）

74

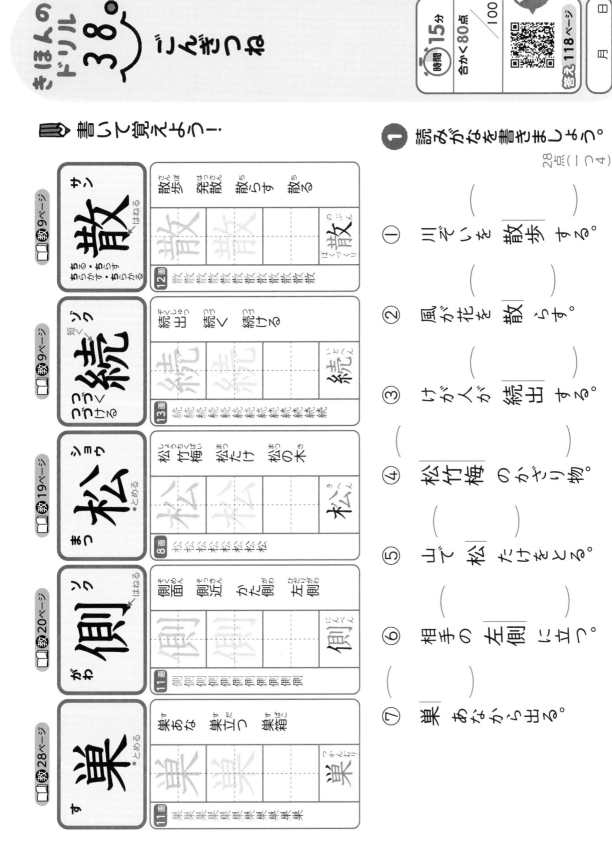

時間 15分　合かく80点　/100

答え 118ページ

月　日

◆書いて覚えよう!

□教9ページ

散 サン　ちらる・ちらす・ちらかす・ちらかる　(はねる)

散歩　発散　散らす　散る
12画 散散散散散散散散散散散散

□教9ページ

続 ゾク　つづく・つづける　(短くゾク)

続出　続く　続ける
13画 続続続続続続続続続続続続続

□教19ページ

松 ショウ　まつ　(とめる)

松竹梅　松たけ　松の木
8画 松松松松松松

□教20ページ

側 ソク　がわ　(はねる)

側面　側近　かた側　左側
11画 側側側側側側側側側側側

□教28ページ

巣 ス　(とめる)　(す)

巣あな　巣立つ　巣箱
11画 巣巣巣巣巣巣巣巣巣

1 読みがなを書きましょう。

28点(一つ4)

① 川ぞいを 散歩 する。（　　　）

② 風が花を 散らす。（　　　）

③ けが人が 続出 する。（　　　）

④ 松竹梅 のかざり物。（　　　）

⑤ 山で 松 たけをとる。（　　　）

⑥ 相手の 左側 に立つ。（　　　）

⑦ 巣 あなから出る。（　　　）

↓うらのページに続くよ→

2 あてはまる漢字を書きましょう。

① 紙ふぶきを □ち らして、お祝いをする。

② 山に登ってアイスクリームを □はこ □けん される。

③ 電車で名所をめぐる旅は、一週間 □□ つづ いた。

④ 反対意見が □□ ぞくしゅつ した。

⑤ □しま の木をぼんさいに仕立てる。

⑥ この道はかた □がわ 通行だ。

⑦ 身分の高い人の □□ そんちょう になる。

⑧ 小鳥のために □□ すばこ を作る。

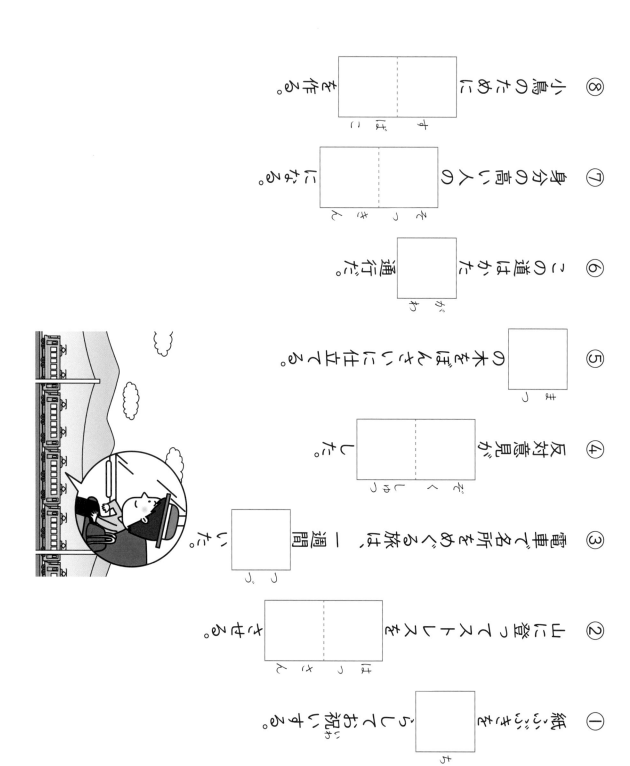

76

📝 書いて覚えよう!

□教30ページ

連 レン
つらなる・つらねる・つれる

関連　連続　連なる　連れる
連続

連
10画　連連連連連連連連連

□教31ページ

録 ロク
（出ない）

記録　録音　録画
録る

録
16画　録録録録録録録録録録録録録録

□教33ページ

料 リョウ
（とめる）

料理　料金　原料　飲料
料ます

料
10画　料料料料料料料

□教33ページ

陸 リク
（上より長く）

上陸　大陸　陸地　着陸
ばいりく

陸
11画　陸陸陸陸陸陸陸陸陸

□教33ページ

極 キョク・ゴク
きわめる・きわまる・きわみ

南極　北極　消極　極力
極む

極
12画　極極極極極極極極極極

教科書 下30〜33ページ

① 読みがなを書きましょう。
28点(一つ4)

① 関連 のあるデータ。
（　　　）

② 弟を 連 れて歩く。
（　　　）

③ 植物の成長の 記録。
（　　　）

④ 魚 料理 をふるまう。
（　　　）

⑤ 無人島に 上陸 する。
（　　　）

⑥ 南極 のペンギン。
（　　　）

⑦ 北極 の氷がとける。
（　　　）

→うらのページに続くよ！

⑧「つぎ」や「次々に」など、「自分から進んで物事を行なう」様子。「に」に続くことば。

2 あてはまる漢字を書きましょう。

① 遠くに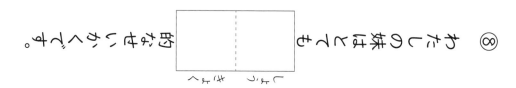なる山々の間から日がのぼる。

② 三年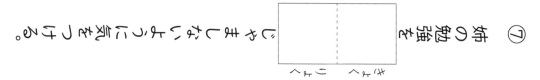で金メダルにかがやいた。

③ お気に入りの音楽をする。

④ 電話の通話を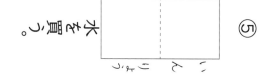しはじめる。

⑤ 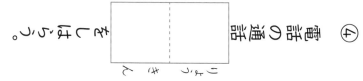水を買う。

⑥ を横切って進む。

⑦ 姉の勉強をしないように気をつける。

⑧ わたしの妹はとても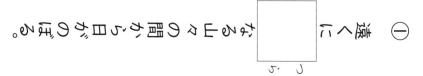的なせいかくです。

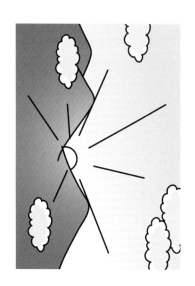

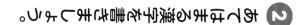

40°

こんきつね～
「読書発表会」をしよう

1 漢字の読みがなを書きましょう。

52点(1つ4)

① 家の近くを 散歩 する。
（　　　　）

② さくらの花びらがはらはらと 散 る。
（　　　　）

③ 小ぎつねが 巣 あながら顔を出す。
（　　　　）

④ 問題に 連続 して正答する。
（　　　　）

⑤ 箱の 側面 に 松竹梅 の絵をかく。
（　　　　）（　　　　）

⑥ 親ぎもの子どもを 連 れて歩く。
（　　　　）

⑦ たんけん隊が 南極 に 上陸 する。
（　　　　）（　　　　）

⑧ 松 たけを 料理 に使う。
（　　　　）（　　　　）

⑨ 二時間 続 けて 録画 した。
（　　　　）（　　　　）

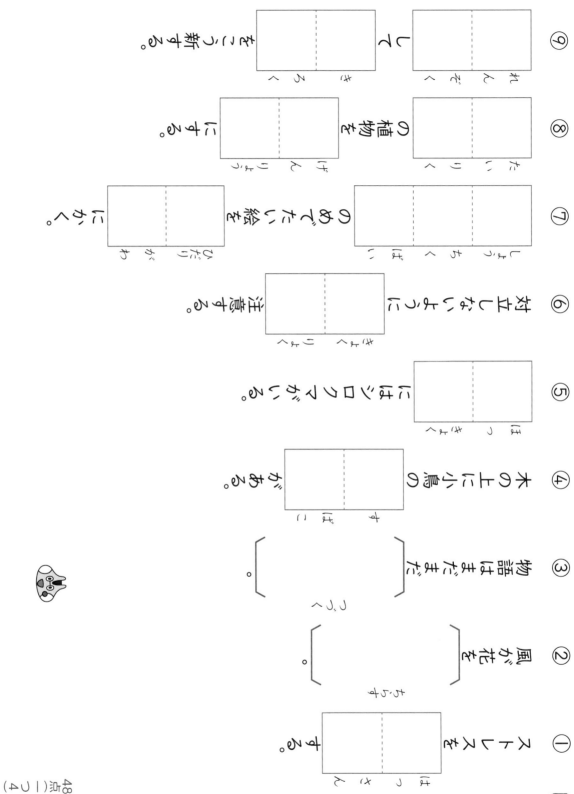

2 あてはまる漢字を書きましょう。[　]は漢字とひらがなで書きなさい。
48点(1つ4)

① スイスを□□（りょこう）する。

② 風が花を〔　　　〕（ちらす）。

③ 物語はまだ〔　　　〕（つづく）。

④ 木の上に鳥の□□（すばこ）がある。

⑤ □□（えいこく）にはロンドンがある。

⑥ 対立しないように□□（げんどう）に注意する。

⑦ □□（しょうてん）のために絵をかく。□□（わだい）へ。

⑧ □□（たいよう）の植物を□□（ひょうほん）にする。

⑨ □□（れんぞく）して□□（きろく）を新しくする。

80

きほんのドリル 41

みんなが楽しめる 新スポーツ（1）

時間 15分　合かく80点　/100　サクッとこたえあわせ　答え119ページ　月　日

書いて覚えよう！

仲（なか／とめる）教38ページ
仲よくなる　仲間　仲直り　6画

司（シ／はねる）教39ページ
司会　司書　司令官　司法　5画

願（ガン／ねがう／はねる）教40ページ
願書　願望　願う　願い事　19画

共（キョウ／とも／つけない）教41ページ
共通点　共同　共働き　6画

1 読みがなを書きましょう。
28点(1つ4)

① 同級生と 仲 よくなる。

② 司会 をつとめる。

③ 図書館の 司書。

④ 願書 をとどけ出る。

⑤ 願 い事をする。

⑥ 共通点 をさがす。

⑦ 両親は 共働 きだ。

「願」は、「頁」の形に注意しよう。

教科書 下38～43ページ

→うらのページに問題があるよ！

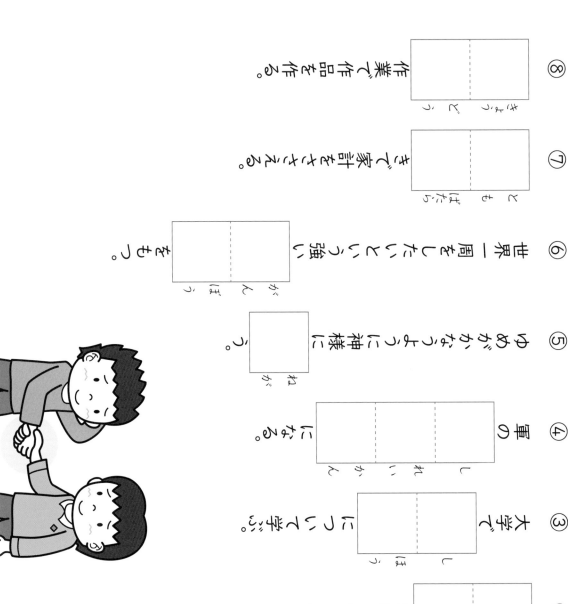

2 あてはまる漢字を書きましょう。

① 友達と、すぐに　□□　なかなおりした。
（な・か・お）

② □□　外にかけるのはやめよう。
（な・ま）

③ 大学で　□□□　についてまなぶ。
（し・ほ・う）

④ 車の　□□□　になる。
（し・れ・い・ん）

⑤ ゆめがかなうように神様に　□□　う。
（ね・が）

⑥ 世界一周をじつげんしたいという強い　□□　をもつ。
（こ・ん・ぼ）

⑦ とても　□□　で家計をささえる。
（と・も・は・た・ら）

⑧ □□　作業で作品を作る。
（き・ょ・う・と・う）

みんなが楽しめる 新スポーツ (2)
いろいろな意味を表す漢字 (1)

時間 15分　合かく80点　/100　答え119ページ　サッとこたえあわせ　月　日

書いて覚えよう!

数42ページ　わすれずに
試　シ　こころみる
試合　試作　試みる
13画

数42ページ　とめる。
協　キョウ
協力　協調　協会　協定
8画

数44ページ　はらう
選　セン　えらぶ
選手　選考　代表を選ぶ
15画

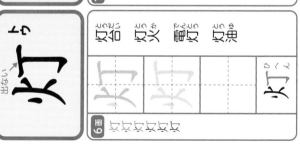

数44ページ　出ない
灯　トウ　ひ
灯台　灯火　電灯　灯油　灯
6画

読んで覚えよう!

●…特別な読み方をする漢字

数45ページ　川原（かわら）

1 読みがなを書きましょう。
20点(一つ4)

① サッカーの 試合。

② 新しい実験を 試みる。

③ 協力 して乗りこえる。

④ 野球の 選手 になる。

⑤ 灯台 が明るく光る。

「協」は、「力」の数に注意しましょう。

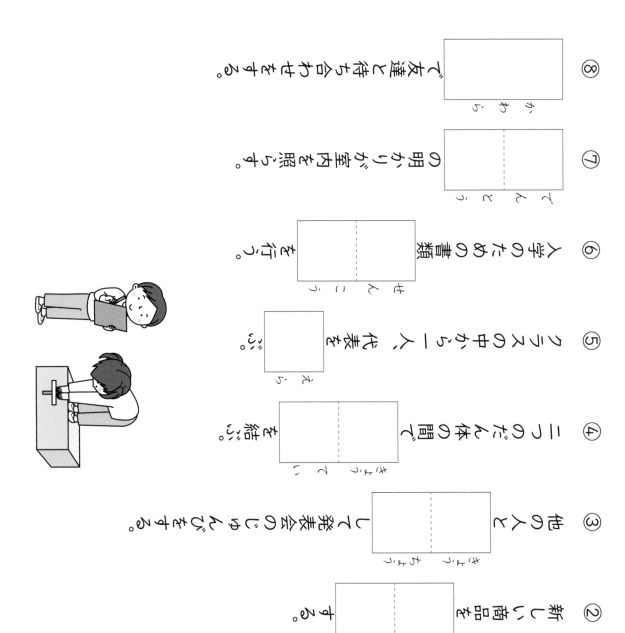

② あてはまる漢字を書きましょう。　80点(1つ10)

① 体力を
|そくてい|して新記録の達成を
|こころ|みる。

② 新しい商品を
|しんさ|する。

③ 他の人と
|きょうりょく|して発表のじゅんびをする。

④ 二人のだんたいの間で
|じょうやく|を結ぶ。

⑤ クラスの中から一人、代表を
|えら|ぶ。

⑥ 入学のための書類の
|きにゅう|を行う。

⑦
|でんとう|の明かりが室内を照らす。

⑧
|えき|で友達と待ち合わせをする。

きほんのドリル 43

いろいろな意味を表す漢字 (2)

時間 15分　合かく80点　/100　答え119ページ

書いて覚えよう！

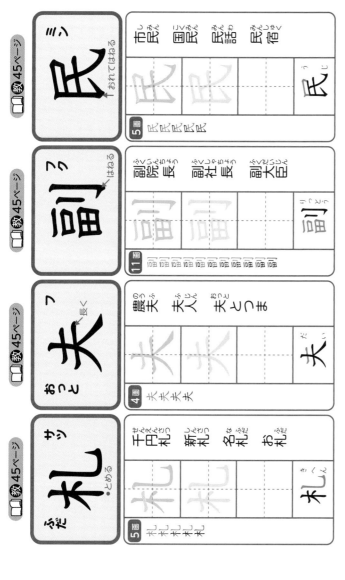

1 読みがなを書きましょう。

28点(一つ4)

① 市民 公園に行く。

② 民話 を読み聞かせる。

③ 病院の 副院長。

④ 年老いた 農夫。

⑤ 夫 とつま。

⑥ 千円札 ではらう。

⑦ 神社で お札 をもらう。

「副」と「福」をまちがえないようにしましょうね。

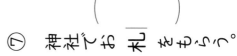

教科書 下 44〜45ページ

85

② あてはまる漢字を書きましょう。

72点(1つ9)

① □□（こくみん）の声を聞いて国を治める。

② 旅先で□□（みんしゅく）にとまった。

③ □□□（ぶだいい）があいている。

④ □□□□（ふくちょうじ）になる。

⑤ 会長□□（ふじん）が車に乗る。

⑥ おばの□（おっと）になる人と会う。

⑦ 手持ちのお金を□□（しへい）にかえてもらう。

⑧ 学校では□□（なふだ）をわすれずにしつける。

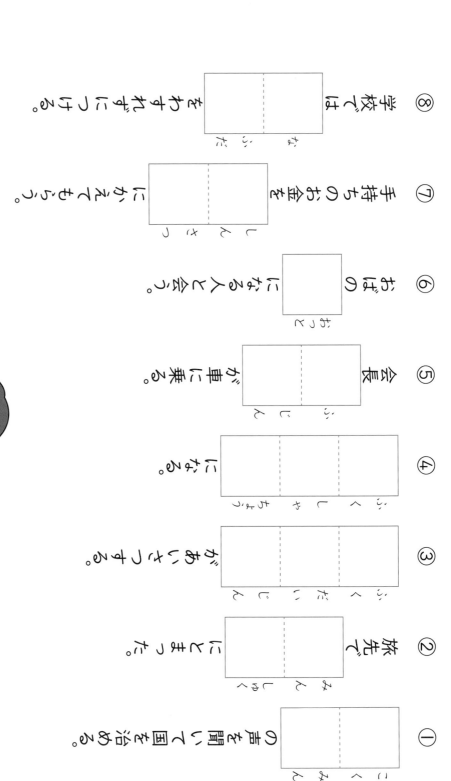

まとめ
ドリル
44 みんなが楽しめる
新スポーツ／
いろいろな意味を表す漢字

時間 20分　合かく80点　／100

答え119ページ

月　日

1 漢字の読みがなを書きましょう。

52点(一つ4)

① 農夫 が畑をたがやす。
（　　　　）

② みさきの 灯台 が海を照らす。
（　　　　）

③ 選手 が開会式に入場する。
（　　　　）

④ 副院長 の子どもと 仲 よくなる。
（　　　　）（　　　　）

⑤ 司会 が 新札 について説明する。
（　　　　）（　　　　）

⑥ 流れ星に 願 い事を言う。
（　　　　）

⑦ 協会 に受験の 願書 をとどけ出る。
（　　　　）（　　　　）

⑧ 市民 大会の 試合 に出る。
（　　　　）（　　　　）

⑨ わたしの両親は 共働 きだ。
（　　　　）

① チームで □□（きょう・りょく）して勝利する。

② 新しいやり方を □［こころみる］。

③ 昔からの □□（か・ん・ほう）が実げんする。

④ □□（ひ・みつ）に愛されるアイドル。

⑤ □□（なか・ま）と □□（きょう・りょく）で作業した。

⑥ 図書館の □□（し・せつ）の方からおすすめの本を聞く。

⑦ □□□（ぶ・ん・しょう・たい）を □［くらべる］。

⑧ 会場内では □□（な・ふだ）をつける。

⑨ □□（とう・かい）と □□（のう・ら）を散歩する。

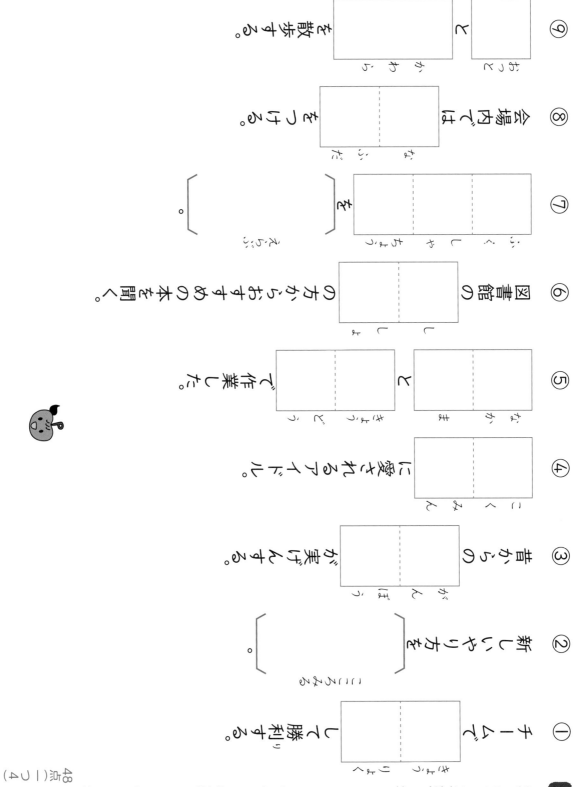

時間 15分　合かく80点　／100　サクッとこたえあわせ　答え119ページ　月　日

書いて覚えよう！

□教48ページ
材（ザイ・はねる）
村料 材木 取材 題材
7画 材 材 材 材 材

□教50ページ
無（ム・ない）
無理 無料 無事 無い　無い物ねだり（一番長く）
12画 無 無 無 無 無 無 無 無 無

□教51ページ
管（カン・くだ）
管理 真空管 ゴムの管（たてに）
14画 管 管 管 管 管 管 管 管 管 管

□教51ページ
功（コウ）
成功 功を立てる 年功（出る・から）
5画 功 功 功 功

□教55ページ
漁（ギョ・リョウ・とめる）
漁港 漁船 漁業 大漁
14画 漁 漁 漁 漁 漁 漁 漁 漁 漁 漁 漁

1 読みがなを書きましょう。
28点（1つ4）

① 工作の（　　　）材料 を買う。

② （　　　）無理 なお願い。

③ （　　　）無 い物ねだりをする。

④ 体調（　　　）管理 をする。

⑤ 実験が（　　　）成功 する。

⑥ 戦って（　　　）功 を立てる。

⑦ （　　　）漁港 に船が入る。

教科書 下48〜59ページ

→うらのページに続くよ

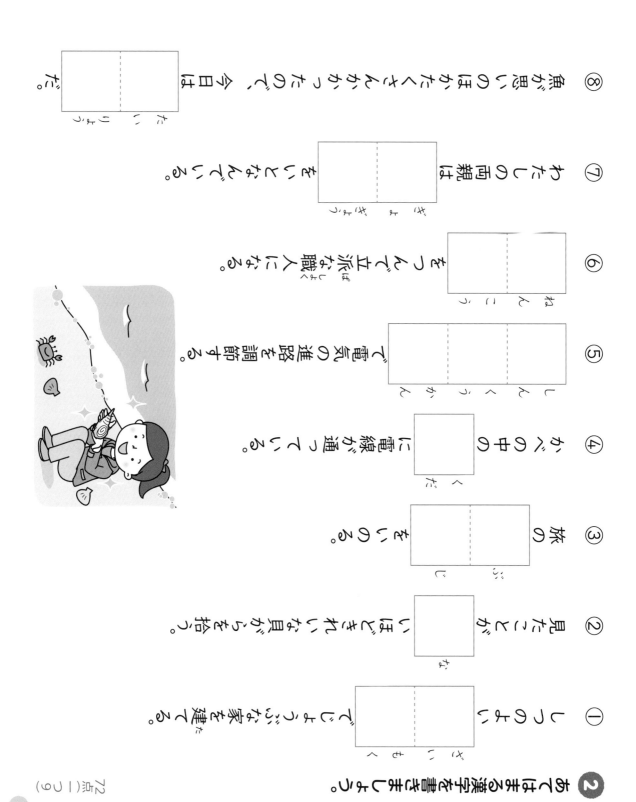

❷ あてはまる漢字を書きましょう。72点(1つ9)

① 〔　〕〔　〕でじょうぶな家を建てる。

② 見たことが〔　〕ない、めずらしい貝を拾う。

③ 旅の〔　〕〔　〕をつむ。

④ か〔　〕の中に電線が通っている。

⑤ 〔　〕〔　〕〔　〕で電気の進路を調節する。

⑥ 〔　〕〔　〕をつんで立派な職人になる。

⑦ わたしの両親は〔　〕〔　〕〔　〕をいとなんでいる。

⑧ 魚が思いのほか〔　〕〔　〕かったので、今日は大りょうだ。

90

ウミガメの命をつなぐ / 二つのことがらをつなぐ言葉 (2)

時間15分　合かく80点　/100　答え119ページ
サクッとこたえあわせ
月　日

✏ 書いて覚えよう！

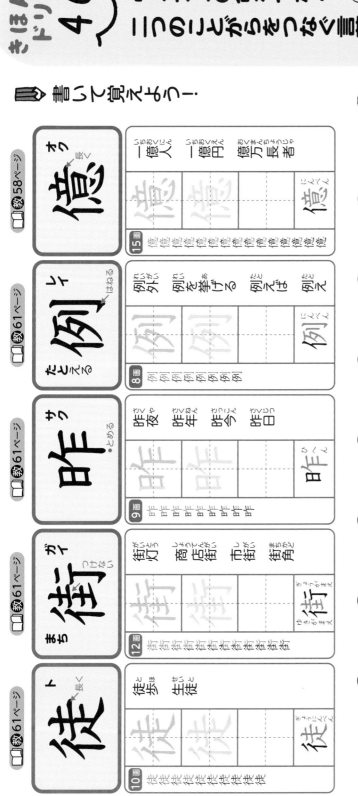

億（オク） 教58ページ 長く
一億人　一億円　億万長者
15画

例（レイ・たとえる） 教61ページ はねる
例外　例を挙げる　例えば　例え
8画

昨（サク・とめる） 教61ページ
昨夜　昨年　昨今　昨日
9画

街（ガイ・まち・つけない） 教61ページ
街灯　商店街　市街　街角
12画

徒（ト・長く） 教61ページ
徒歩　生徒
10画

❶ 読みがなを書きましょう。

28点(一つ4)

① 一億人分の記録。

② 例を挙げて説明する。

③ 例えを使って話す。

④ 昨夜は雨だった。

⑤ 道を街灯が照らす。

⑥ 街角で友人と会う。

⑦ 徒歩で登校する。

教科書　下48〜61ページ

→うらのページにつづくよ

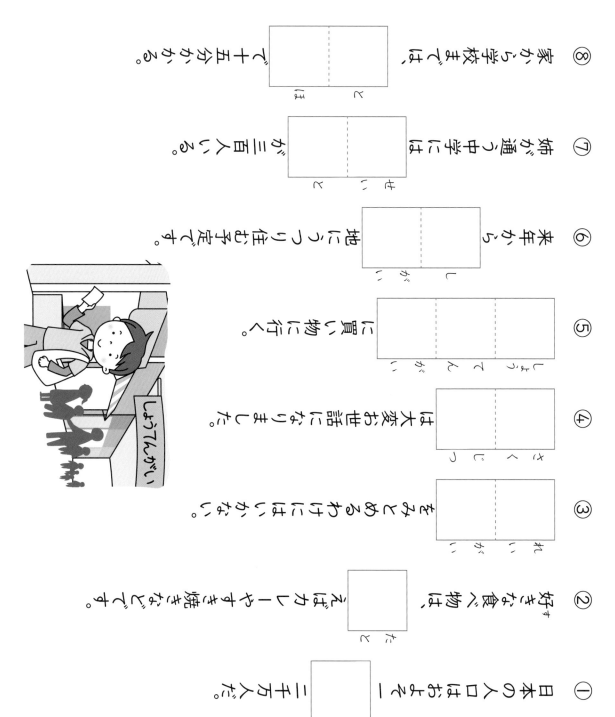

2 あてはまる漢字を書きましょう。

① 日本の人口はおよそ一□（お）二千万人だ。

② 好きな食べ物は、□（た）□（と）えばカレーライスや焼きそばなどです。

③ □（れ）□（い）□（ぎ）をわきまえなければいけない。

④ □（せ）□（へ）□（い）□（し）は大変お世話になりました。

⑤ □（し）□（ょ）□（う）□（て）□（ん）□（が）□（い）に買い物に行く。

⑥ 来年から□（し）□（が）□（い）地にひっこして住むよ定です。

⑦ 姉が通う中学には□（せ）□（い）□（と）が三百人いる。

⑧ 家から学校まで□（と）□（ほ）で十五分かかる。

72
(9□1)

92

時間 15分
合かく80点
／100

月 日

答え119ページ

書いて覚えよう!

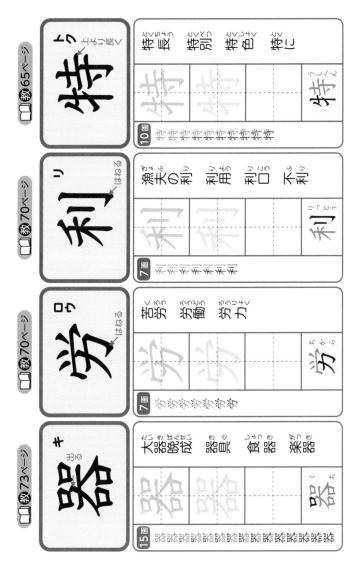

□教65ページ
特 トク

上り長く

特長ちょう 特別べつ 特色しょく 特に
特 特
特ちん

10画
特特特特特特特特特特

□教70ページ
利 リ
きく・はねる

漁夫の利 利用りよう 利口こう 不利ふり
利 利
利こう

7画
利利利利利利利

□教70ページ
労 ロウ
はねる

苦労くろう 労働どう 労力りょく
労 労
労から

7画
労労労労労労労

□教73ページ
器 キ
うつわ

大器晩成たいきばんせい 器具きぐ 食器しょっき 楽器がっき
器 器
器ち

15画
器器器器器器器器器器器器器器器

「労」の「ツ」の形に
注意しよう。

1 読みがなを書きましょう。

28点(一つ4)

① 特 に青色が好きだ。（　　　）

② 特別 なプレゼント。（　　　）

③ 漁夫の 利 をえる。（　　　）

④ 電車を 利用 する。（　　　）

⑤ 苦労 して生活する。（　　　）

⑥ 労働 時間を守る。（　　　）

⑦ 大器 晩成の人。

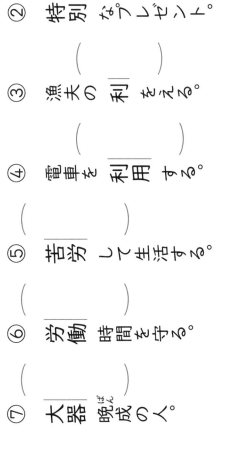

2 あてはまる漢字を書きなさい。

72点(1つ9)

① と □□□ は、自分にうそをつきたくないということだ。
（ちゅう・しん）

② 地元の □□□ を生かした事業を始める。
（と・く・しょく）

③ な立場に □□□ かれる。
（ふ・り）

④ なふるまいを □□□ められる。
（こ・う・い）

⑤ 仲間と、よろこびも □□□ も共にしてきた。
（く・る・し）

⑥ □□□ をおしまずに努力する。
（ろ・う・りょく）

⑦ ふへん的な □□□ のチェックを行う。
（き・じゅ・ん）

⑧ ご飯の後に □□□ のかたづけをする。
（しょ・き）

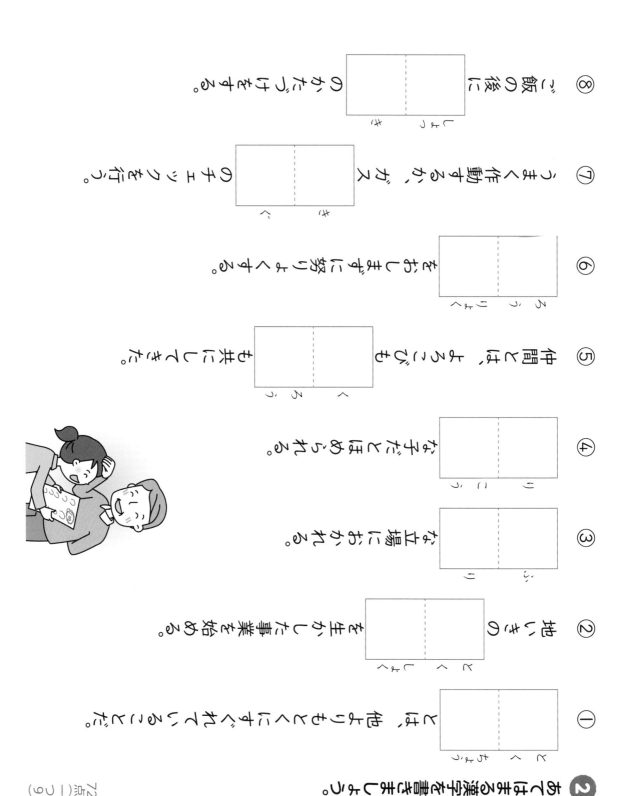

時間 20分　合かく80点　/100

答え119ページ

月　日

① 漢字の読みがなを書きましょう。

16点(1つ2)

① 給食 を食べる。　（　　　　　）

② 会社 で 働 く。　（　　　　　）

③ 栄養 をとる。　（　　　　　）

④ 希少 な本。　（　　　　　）

⑤ 老人 をうやまう。　（　　　　　）

⑥ 果実 をもぎとる。　（　　　　　）

⑦ ゼリーを 固 める。　（　　　　　）

⑧ 科学的 に説明する。　（　　　　　）

② あてはまる漢字を書きましょう。〔　〕には漢字とひらがなを書きましょう。

24点(1つ3)

① 村の［のう　か］の畑。

② 植物の名前を〔おぼえる〕。

③ ［りょう　り］を作る。

④ ［まつ］の木を植える。

⑤ ［せい　りょう］をおさめる。

⑥ ［む　かん　しん］な目。

⑦ ［なか　ま］と話し合う。

⑧ 〔ねがい〕がかなう。

⑤ 次の文の──線の漢字を、正しく直して書きましょう。 12点(1つ4)

① 姉からおもちゃの指和を一つもらった。

② 縄とび大会で、新記録を出す人が族出した。

③ 作年のやり方を参考にしてじゅんびを進める。

---

④ 次の音読み・訓読みをする漢字の□に入る部分を書きましょう。 24点(1つ4)

① ｛ホウ／のぞむ｝ 七月

③ ｛サイ／ちらす｝ 並用

⑤ ｛ブ／ダン｝ 式

② ｛カイ／くだく｝

④ ｛レン／つらなる｝ 連

⑥ ｛カン／…ジン｝ 官

---

③ 次の上と下の──線の熟語は同じ読み方をします。□に入る漢字を書きましょう。 24点(1つ3)

① 投下─□火をつける

③ 強調─□性がある

⑤ 消化─□歌を歌う

⑦ 有機─□気を出す

② 理工─□口な人

④ 冷害─□外を告げる

⑥ 体調─□長の命令

⑧ 期間─□消化官

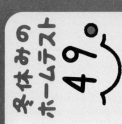

九月から十二月に習った
漢字と言葉 (2)

時間 20分　合かく 80点　/100　答え 119ページ

月　日

⓵ 漢字の読みがなを書きましょう。

16点(1つ2)

① 川原 で遊ぶ。（　　）

② 副題 をつける。（　　）

③ つばめの 巣。（　　）

④ 南アメリカ 大陸（　　）

⑤ 苦労 が実る。（　　）

⑥ 一億 人の力。（　　）

⑦ 中学校の 生徒。（　　）

⑧ 街角 の本屋。（　　）

⓶ あてはまる漢字を書きましょう。〔　〕には漢字とひらがなを書きましょう。

24点(1つ3)

① 　もくざい の産地。

② 日に〔　やける　〕。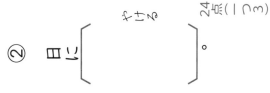

③ 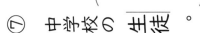　とくべつ にもらう。

④ 紙で〔　つつむ　〕。

⑤ せんそう に反対する。

⑥ はた をふる。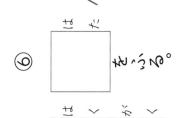

⑦ 空を〔　とぶ　〕。

⑧ はくがく な人。

（まちがい→正しい）

① 今日は、漁業の話が聞けないのが残念です。　□←□

② 四年生から児童会の選手に参加できます。　□←□

③ 老人と孫の協通の日課は、松林の散歩です。　□←□

④ クラスの仲間と、協通の計算の同じ試験を受けた。　□←□

24点（6つ1完答）

★5　次の各文中に、使い方が正しいほうの漢字を選んで、□に書きましょう。

④ （　）　ア 不　イ 欠
① （　）　ア 側　イ 議
⑤ （　）　ア 帯　イ 辺
② （　）　ア 牧　イ
⑥ （　）　ア 希　イ 民
③ （　）　ア 季　イ 節

24点（4つ1）

★4　次のア・イの漢字の総画数が多い方の記号を書きましょう。

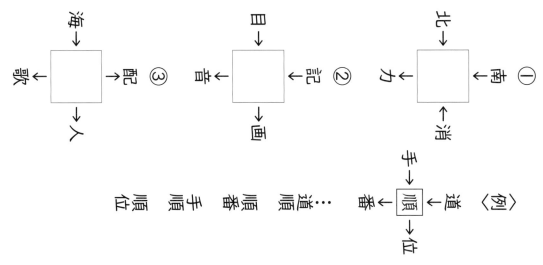

★3　次の〈例〉のように、矢印の向きに読むと二字の熟語ができるよう、□にあてはまる漢字を書きましょう。〈例〉と同じ場合は……

〈例〉
南←□→道　（道順）
消←□→位　（順位）
力　　　　　番　（順番）
　　　　　手→　（手順）

① 北→□←消　力

② 目→□←記　音　□→画

③ 配→□→人　海→□→歌

12点（4つ1）

きほんのドリル
50

熟語のでき方
くらしを便利にするために (1)

⏱時間 15分
合かく80点 ／100

サクッとこたえ
あわせ

答え 120ページ

月 日

📖 書いて覚えよう!

1 読みがなを書きましょう。
28点(1つ4)

□教78ページ

祝
いわう
シュク・シュウ

上にはねる↑

祝日 祝辞 家族で祝う

祝 祝 祝う
しゅくてん

9画 祝祝祝祝祝祝祝祝祝

□教78ページ

清
セイ
きよい・きよまる・きよめる

はねる

清書 清流 清い心 清める

清 清 清める
せいしょ

11画 清清清清清清清清清清清

□教79ページ

低
テイ
ひくい・ひくめる・ひくまる

高低 低学年 低い 低める

低 低 低
ていおん

7画 低低低低低低低

□教82ページ

便
ビン・ベン
たより

出さない↑

便利 ゆう便 風の便り

便 便 便
べんり

9画 便便便便便便便便便

□教82ページ

付
フ
つける・つく

↙はねる

付近 まき付ける ほり付く

付 付 付
ふきん

5画 付付付付付

① たん生日を 祝う。 (　　　)

② 下書きを 清書 する。 (　　　)

③ 清 い心をもつ。 (　　　)

④ 音の 高低。 (　　　)

⑤ 低 い山に登る。 (　　　)

⑥ 生活が 便利 になる。 (　　　)

⑦ ゼッケンを 付 ける。 (　　　)

② あてはまる漢字を書きましょう。

① 入学式で□□をのべる。

② たきから□い水が流れ落ちる。

③ □□の音を聞いてふしぎな気持ちを落ち着かせる。

④ 声を□めてそっと話す。

⑤ □□□□の児童に声をかけて話す。

⑥ 引っこしをした友達のことを、風の□よりに聞く。

⑦ 父おやのゆびが□□へくっつく。

⑧ 学校の□□で、父さんとぶらさがりの練習をする。

くらしを便利にするために (2)

時間 15分
合かく80点
/100

サクッと
こたえ
あわせ

答え 120ページ

月 日

書いて覚えよう!

	改	カイ あらためる あらたまる
教83ページ	改良 かいりょう	改正 かいせい	日を改める ひをあらためる	改めて あらためて
	7画 改 改 改 改			

| 差 サ さす | 教90ページ |
| 大差 たいさ | 時差 じさ | 差し引く さしひく | 差す さす |
| 10画 差 差 差 差 差 差 差 差 差 差 |

| 票 ヒョウ | 教90ページ |
| 投票 とうひょう | 一票 いっぴょう | 伝票 でんぴょう | 開票 かいひょう |
| 11画 票 票 票 票 票 票 票 票 票 票 票 |

| 郡 グン | 教90ページ |
| 郡 ぐん | 郡部 ぐんぶ |
| 10画 郡 郡 郡 郡 郡 郡 郡 郡 郡 郡 |

1 読みがなを書きましょう。

28点(1つ4)

① 道具を 改良 する。（　　　）

② 改 めて考えてみる。（　　　）

③ 大差 で勝つ。（　　　）

④ 夕日が 差 す。（　　　）

⑤ 投票 する場所。（　　　）

⑥ 一票 を投じる。（　　　）

⑦ 郡部 に行く。

「郡」を形のにた「群」と
まちがえないものにしよう。

2 あてはまる漢字を書きましょう。　72点(1つ9)

① 明日はいそがしいので、日を□(あらた)めて会いましょう。

② 先生方の話し合いによって、□校をへる計画が□された。

③ ねむる時間を□けずって、学習の計画を立てる。

④ □の大きい国へ旅行に行く。

⑤ ヒントになれば□がでさる。

⑥ たくへ配便の□を受け取る。

⑦ あて先の住所に□を書く。

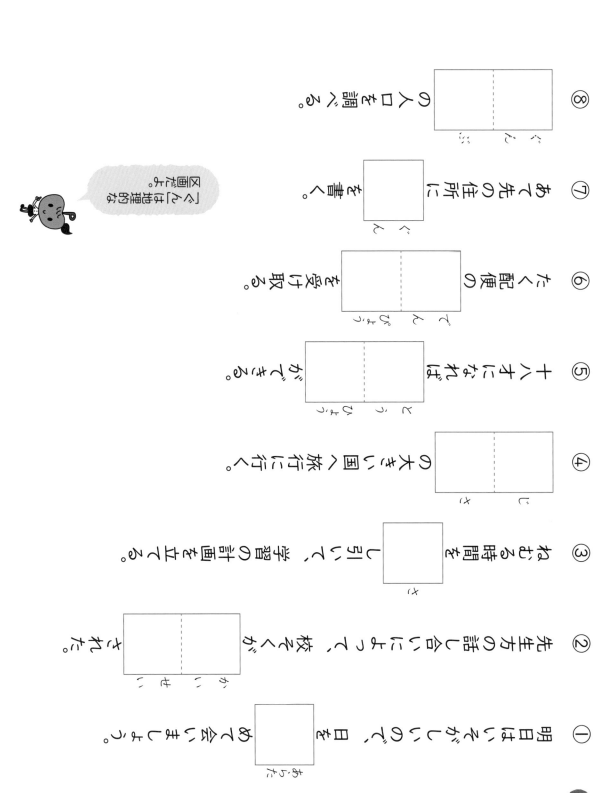

「今」の前の部首は図画だよ。

⑧ □の人口を調べる。

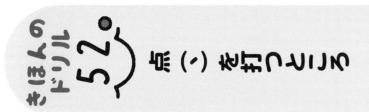

きほんのドリル 52

点（丶）を打つところ

時間15分　合かく80点　／100

答え 120ページ

月　日

📖 書いて覚えよう！

教102ページ	健 ケン (出る)	健康 けんこう／健全 けんぜん 健／健 11画 健健健健健健健健健
教102ページ	康 コウ はねる	健康 けんこう／小康 しょうこう 康／康 11画 康康康康康康康康康
教102ページ	浅 セン 上にはねる／あさい	浅い あさい／浅川 あさかわ 浅／浅 9画 浅浅浅浅浅浅浅浅浅
教103ページ	氏 シ 上にはねる	氏名 しめい／氏族 しぞく 氏／氏 4画 氏氏氏氏
教103ページ	候 コウ (出る)	天候 てんこう／気候 きこう／兆候 ちょうこう 候 10画 候候候候候候候候候候

1 読みがなを書きましょう。

28点(1つ4)

① 健全 な肉体。（　　　）

② 健康 に気をつける。（　　　）

③ この池は 浅 い。（　　　）

④ 相手の 氏名 を聞く。（　　　）

⑤ 氏族 を調べる。（　　　）

⑥ 天候 がよくなる。（　　　）

⑦ 気候 のよい土地。（　　　）

↓つぎのページに続くよ！

教科書 下102～103ページ

103

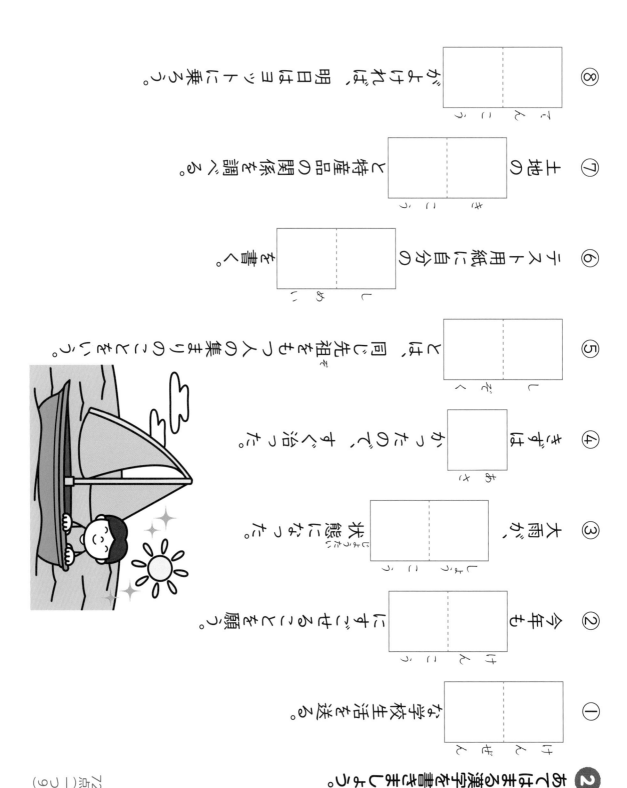

❷ あてはまる漢字を書きましょう。 72点(1つ9)

① □□な学校生活を送る。

② 今年も□□にすごせることを願う。

③ 大雨が、□□□状態になった。

④ きずは□かったので、すぐ治った。

⑤ □□とは、同じ先祖をもつ人の集まりのことをいう。

⑥ テスト用紙に自分の□□を書く。

⑦ 土地の□□□と特産品の関係を調べる。

⑧ □□□よければ、明日はヨットに乗ろう。

1 漢字の読みがなを書きましょう。

52点（一つ4）

① 用紙に 氏名 を記入する。

② 天候 が悪くなり、雨がふる。

③ 健康 に気をつけて生活する。

④ 郡部 に生える植物を調べる。

⑤ 浅 い 清流 でつりをする。

⑥ 声を 低 めてひみつの話をする。

⑦ 道具を 改良 して 便利 にする。

⑧ 投票 の結果、大差 をつけて当選する。

⑨ 祝日 を家族で 祝 う。

2 あてはまる漢字を書きましょう。〔　〕には漢字とひらがなを書きましょう。

48点（1つ4）

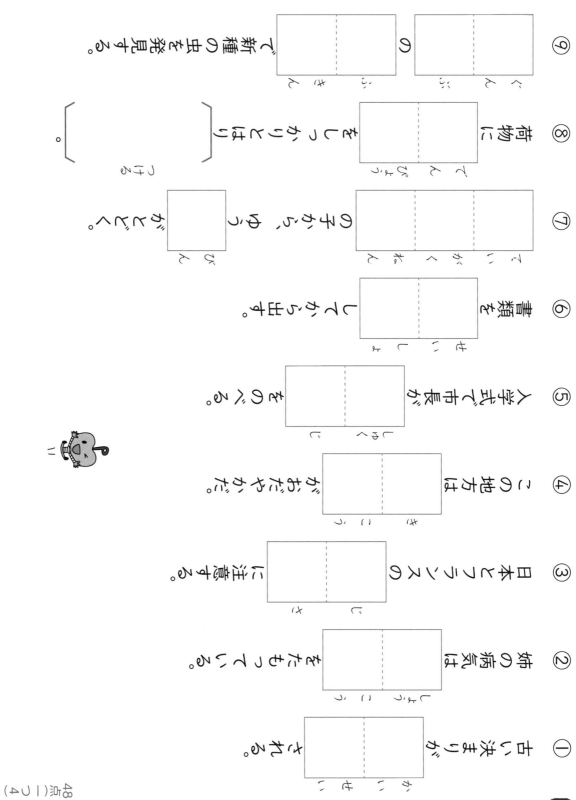

① 古い決まりが□□（かいせい）される。

② 姉の病気は□□（しょうこう）をたもっている。

③ 日本とフランスの□□（じさ）に注意する。

④ この地方は□□（きこう）がおだやかだ。

⑤ 入学式で市長が□□（しゅくじ）をのべる。

⑥ 書類を□□（せいり）してから出す。

⑦ □□□（けいとう）の子から□□（しそん）へとゆずる。〔　　　〕

⑧ 荷物に□□（でんぴょう）をつけたり〔　　　〕。

⑨ □□（ぐんぶ）□□（きせん）で新種の虫を発見する。

自分の成長をふり返って
雪

サクッと
こたえ
あわせ

時間 15分　合かく80点　/100　答え 120ページ

月　日

📖 書いて覚えよう！

📖 教105ページ	ハイ とめる やぶれる	失敗 勝敗 戦いに敗れる	敗
		11画 敗敗敗敗敗敗敗敗敗敗	

📖 教107ページ	コウ すこのむ	大好物 好きになる 好み	好
		6画 好好好好好好	

📖 教107ページ にしない	ヒョウ	目標 標語 標本 標高	標
		15画 標標標標標標標標標標標標標標	

📖 教110ページ	セキ つもる つむ	面積 本を積む ちりが積もる 積もる	積
		16画 積積積積積積積積積積積積積積積積	

1 読みがなを書きましょう。

28点(一つ4)

① 前転に　失敗　する。（　　）

② 兄との対決に　敗れる。（　　）

③ カレーが　大好物　だ。（　　）

④ 運動が　好き　になる。（　　）

⑤ 目標　を達成する。（　　）

⑥ 面積　を求める。（　　）

⑦ 雪がどんどん　積もる。（　　）

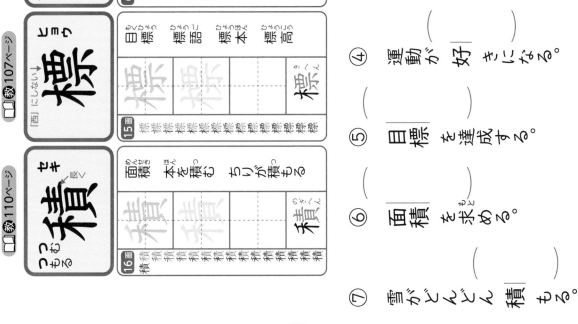

「標」と「票」はにているから注意しよう。

❷ あてはまる漢字を書きましょう。

① 決しょうせんで強い相手に□れる。（や）

② 運命が□□を分けた。（しょう）（はい）

③ □□の飲み物をスーパーで買う。（この）

④ □□な人と□□する。（だい）（す）

⑤ 今年の□□を立てる。（もく）（ひょう）

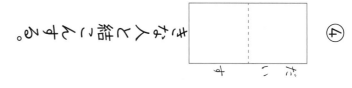

⑥ □□なニュースが注目を集める。（ひ）（じょう）

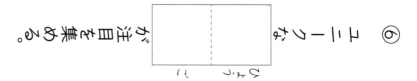

⑦ 小学生のころから多くの試合の経験を□む。（つ）

⑧ 土地の□□を計算する。（めん）（せき）

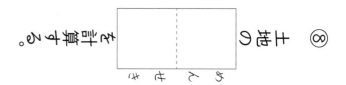

同じ読み方の漢字の使い分け (1)

時間 15分　合かく<80点　／100

答え 120ページ

月　日

書いて覚えよう！

倉 ソウ・くら（教112ページ）　よこにつき
倉庫（そうこ）　米倉（こめぐら）　一倉（ひとくら）
10画

競 キョウ・ケイ・きそう・せる（教112ページ）　上にはねる
競争（きょうそう）　競走（きょうそう）　競馬（けいば）
20画

熱 ネツ・あつい（教113ページ）　上にはねる
熱湯（ねっとう）　熱意（ねつい）　発熱（はつねつ）　熱い（あつい）
15画

建 ケン・たてる・つ（教113ページ）　少し長く
建設（けんせつ）　城が建つ（しろがたつ）　学校を建てる（がっこうをたてる）
9画

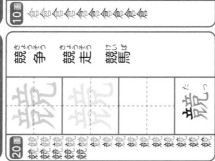

読んで覚えよう！

●…特別な読み方をする漢字

（教112ページ）手伝う（てつだう）

1 読みがなを書きましょう。
20点（一つ4）

① 米を 倉庫 に入れる。（　　　）

② 兄弟で 競争 する。（　　　）

③ 熱湯 でやけどをする。（　　　）

④ 新店の 建設 予定地。（　　　）

⑤ 大きな城が 建 つ。（　　　）

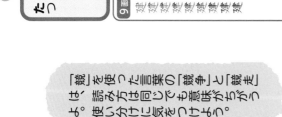

「競」を使った言葉の「競争」と「競走」は、読み方は同じでも意味がちがうよ。使い分けに気をつけよう。

↓うらのページも練習しよう！

②テスト
ましょう。

④「きょう」には、同じ読み方のちがう言葉があります。意味を考えて、使い分けに注意し

② あてはまる漢字を書きましょう。(一)は、漢字とひらがなを書きましょう。　80点(1つ5)

① 夕食の用意を [　] てつだう。

② [　] の温度を一定にする。

③ ワインを地下の [　] に入れる。

④ しょう書物 [　] で一位になる。

⑤ ねん [　] をこめて作品を作り上げる。

⑥ あ [　] い鉄板の上で肉を焼く。

⑦ 学校の近くに新しい家が [　] つ。

⑧ けん [　] 設会社を立ち上げる。

同じ読み方の漢字の使い分け (2)

人形 けき 木 電 うるし

時間 15分
合かく80点
／100
答え 120ページ
月　日

✏️ 書いて覚えよう！

教113ページ	ソツ とめる	卒業式　卒業生　新卒	卒
教113ページ	キュウ はねる もとめる	追求　要求　買い求める	求
教120ページ	テイ そこ	海底　底辺　海の底　川底	底
教140ページ	キョウ かがみ	三面鏡　望遠鏡　鏡を見る	鏡

👀 読んで覚えよう！

●…特別な読み方をする漢字

教122ページ
昨日 (きのう)

❶ 読みがなを書きましょう。

20点(一つ4)

① 卒業式 が始まる。
（　　　　）

② 幸せを 追求 する。
（　　　　）

③ 海底 にすんでいる魚。
（　　　　）

④ 三面鏡 を買った。
（　　　　）

⑤ 鏡 を見る。
（　　　　）

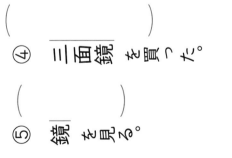

「鏡」の「竟」を「意」とまちがえないように注意しましょう。

⑥「し」を同じ音読みの漢字とまちがえないようにしましょう。

2 あてはまる漢字を書きましょう。　80点（1つ10）

① □□□□の話を聞く。
（そ・う・り・だ・い・じ・ん）

② 兄は来年、□□者として働く。
（け・ん・き・ゅ・う）

③ 夕飯の材料を買い□める。
（も・と）

④ 無理な□□によりつかれ果ててしまう。
（ろ・う・ど・う）

⑤ □□に何かあるのが見える。
（か・わ・ぞ・こ）

⑥ 三角形の□□の長さをはかる。
（て・い・へ・ん）

⑦ □□、家へ帰り道で、きれいな月を見た。
（き・の・う）

⑧ □を見ながら身だしなみを整える。
（か・が・み）

四年生で習った漢字と言葉

月　日

1 ——の漢字の読みがなを書きましょう。　16点(1つ2)

① ア　消印をおす。（　　　）
　　イ　印をつける。（　　　）

② ア　熱が下がる。（　　　）
　　イ　熱い湯。（　　　）

③ ア　最新の車。（　　　）
　　イ　最も長い川。（　　　）

④ ア　配置につく。（　　　）
　　イ　かばんを置く。（　　　）

2 次の例文に合うように、□に入る同じ音読みの漢字を書きましょう。　24点(1つ3)

① カン
　　1　健康□理　　　□
　　2　□成品　　　　□
　　3　警察□　　　　□
　　4　□光地　　　　□

② カ
　　1　参□者　　　　□
　　2　□物列車　　　□
　　3　山の□実。　　□
　　4　朝の日□。　　□

3 次の言葉を、漢字と送りがなで書きましょう。　12点(1つ2)

① てらす　（　　　　）
② かならず　（　　　　）
③ もとめる（　　　　）
④ かりる　（　　　　）
⑤ はたらく（　　　　）
⑥ こたまう（　　　　）

6 次の文にあてはまる熟語を書きましょう。　12点(1つ3)

① ア 別のキカイに話そう。 ▢▢
　 イ 工作キカイを使う。 ▢▢

② ア 名案にカンシンする。 ▢▢
　 イ 虫にカンシンをしめす。 ▢▢

5 次のそれぞれの二字熟語を完成させましょう。　24点(1つ3)

⑦ 別[べつ] ▢[り]
⑧ 道[どう] ▢[く]
④ 印[いん] ▢[さつ]
⑤ 帯[たい] ▢[ほう]
⑥ 方[ほう] ▢[ほう]
① 望[ぼう] ▢[き]
② 節[せつ] ▢[き]
③ 改[かい] ▢[せい]

4 次の言葉と反対の意味の言葉を □ から選び、漢字に直して書きましょう。　12点(1つ2)

選択肢：
サクネン　ムガイ　フマン
ハンセン　セイコウ　ショウリ

① 失敗 ⟷ （　　　　）
② 有害 ⟷ （　　　　）
③ 満足 ⟷ （　　　　）
④ 敗北 ⟷ （　　　　）
⑤ 来年 ⟷ （　　　　）
⑥ 平和 ⟷ （　　　　）

こたえ

●ドリルやホームテストが終わったら、答え合わせをしましょう。
●まちがっていたら、必ずもう一度やり直しましょう。考え方も読み直しましょう。

▶1 漢字のふく習 1～2ページ

❶ ①たいよう ②のうぎょう ③みずうみ
④そうだん ⑤にがみ ⑥くすり
⑦れんしゅう ⑧しゃしん

❷ ①鉄橋 ②島 ③駅 ④病院 ⑤医者
⑥鼻血 ⑦都市 ⑧予定

❸ ①お ②ね ③ちゅうおう ④せいれつ
⑤にもつ ⑥そ ⑦りょくちゃ
⑧けんきゅう ⑨ひめい ⑩こうふく

❹ ①全力 ②拾う ③勝負 ④商店 ⑤持つ
⑥洋服 ⑦温度 ⑧暑い

考え方
まちがえたときは、教科書の「三年生で学んだ漢字」を見てたしかめましょう。

▶2 きほんのドリル 3～4ページ

❶ ①しんごう ②しまにち ③はじ
④そくたつ ⑤くんしん ⑥か
⑦うんてせき

❷ ①信 ②自信 ③初 ④初心 ⑤上達
⑥変 ⑦変化 ⑧客席

▶3 きほんのドリル 5～6ページ

❶ ①やさい ②な ③わら ④かがわけん
⑤かお ⑥うめ ⑦こしゅうねん

❷ ①青菜 ②菜園 ③笑 ④香 ⑤香川県
⑥梅 ⑦入梅 ⑧周

▶4 きほんのドリル 7～8ページ

❶ ①じゅんばん ②かんけい ③しるし
④めじるし ⑤からすりょく ⑥かにゅう
⑦くわ

❷ ①順 ②関 ③関心 ④印 ⑤消印 ⑥浴
⑦日光浴 ⑧追加

▶5 きほんのドリル 9～10ページ

❶ ①どりょく ②はげ ③め ④かんそう
⑤ぶ ⑥と ⑦えいかいわ

❷ ①努力 ②努 ③新芽 ④完全 ⑤完勝
⑥富 ⑦富 ⑧英語

▶6 まとめのドリル 11～12ページ

❶ ①うめ ②しん ③かにゅう ④か
⑤せきしょ・めじるし ⑥うんてせき
⑦とみ・あ ⑧まわ・はつゆき
⑨じょうたつ・じりょく

❷ ①海水浴 ②笑う ③香り ④信号
⑤関心 ⑥順番 ⑦英会話・加わる
⑧初めて・完勝 ⑨野菜・芽

考え方
❶ ⑤「関」は訓読み、「所」は音読みで読みましょう。
⑧「初雪」は両方とも訓読みで読みましょう。「初」には「はつ（め）」「はじ（めて）」という訓読みもあります。
❷ ⑤きょう味という意味です。

▶7 きほんのドリル 13～14ページ

❶ ①すうりょう ②はか ③ほうほう
④さいこう ⑤やく

❷ ①大量 ②重量 ③量 ④手法 ⑤最高
⑥最 ⑦集約 ⑧約

▶8 きほんのドリル 15～16ページ

❶ ①じっけん ②かんさつ ③かんさつ
④しゅるい ⑤ひしゅ ⑥たね ⑦た

❷ ①体験 ②受験 ③主観 ④考察 ⑤種類
⑥種 ⑦類 ⑧人類

きほんのドリル 15　29～30ページ

1
①ふん ②ひつじゅん ③けん ④ぶんけん ⑤ちょ ⑥けん

2
①子孫 ②孫 ③愛 ④必 ⑤必見 ⑥要点 ⑦愛 ⑧友達

きほんのドリル 14　27～28ページ

1
①えん ②せんめん ③しょく ④りょう ⑤どく ⑥さつ

2
①水 ②塩 ③反省 ④良省 ⑤読本 ⑥印刷 ⑦良薬 ⑧食塩

きほんのドリル 13　25～26ページ

1
①ぜんちょう ②ちょう ③だいじん ④しんか ⑤じょう ⑥じょうかまち ⑦じょうもん ⑧ならく

2
①前兆 ②兆円 ③大臣 ④臣下 ⑤城 ⑥城下町 ⑦城門 ⑧奈落

きほんのドリル 12　23～24ページ

1
①せいちょう ②おさ ③ち ④じ ⑤かんせい ⑥な ⑦くんれん ⑧はんけい

2
①成長 ②治 ③治湯 ④治 ⑤完成 ⑥成 ⑦訓練 ⑧半径

きほんのドリル 11　21～22ページ

1
①とうげい ②じてん ③てんねん ④めいさん ⑤しき ⑥こてん ⑦じてん ⑧とくさんひん

2
①手芸 ②天然 ③名産 ④辞典 ⑤式 ⑥古典 ⑦辞典 ⑧特産品

きほんのドリル 10　19～20ページ

1
①べつ ②くべつ ③きねん ④たんげん ⑤くらい ⑥くらい ⑦しょうめい ⑧しょうめい

2
①別 ②区別 ③記念 ④単元 ⑤位 ⑥位 ⑦照明 ⑧照明

きほんのドリル 9　17～18ページ

1
（略）

きほんのドリル 20　39～40ページ

2
①金貨 ②未知 ③みとめる ④満員 ⑤指令 ⑥号令 ⑦冷気 ⑧冷

きほんのドリル 19　37～38ページ

1
（略）

2
①夕飯 ②辺 ③近辺 ④以下 ⑤飯 ⑥へん ⑦案内 ⑧育児

きほんのドリル 18　35～36ページ

1
（略）

2
①折 ②せつ ③説 ④小説 ⑤参 ⑥参考 ⑦白衣 ⑧景色

きほんのドリル 17　33～34ページ

1
（略）

2
①告 ②伝言 ③放課後 ④日課 ⑤公告 ⑥伝言 ⑦転校 ⑧機械

きほんのドリル 16　31～32ページ

1

考え方

1 ⑦「友達」は、特別な読み方をする言葉です。

2 ④「良薬」は、「病気を治すには良いが、飲みにくい」という意味です。

⑥「分ける」は、「別れる」「分かれる」とは送りがながちがいます。気をつけましょう。

2
①しれい ②おさめる ③えんげい ④りょうやく ⑤きねん ⑥わかれる ⑦くんれん ⑧せいちょう ⑨おさめる

2
①印刷 ②良薬 ③園芸 ④記念 ⑤重要約 ⑥別れる ⑦教訓 ⑧成長 ⑨治める・家臣

⑦がっこく

② ①静 ②静 ③静止 ④上官 ⑤花束
⑥束 ⑦約束 ⑧各自

21 まとめのドリル 41~42ページ

❶ ①まんてん ②てんびん ③つめ
④じどう・お ⑤じょうかん・しれい
⑥まい ⑦はなたば ⑧あた・けしき
⑨はん・し

❷ ①海辺・約束 ②冷静・伝える ③景品
④有害 ⑤機械 ⑥衣服 ⑦放課後
⑧各地・満たす ⑨小説

考え方
❶ ⑧「景色」は、特別な読み方をする言葉です。
❷ ⑤「機会」と書かないように注意しましょう。

22 きほんのドリル 43~44ページ

❶ ①とどうふけん ②いばらきけん
③とちぎけん ④ぐんまけん
⑤さいたまけん

❷ ①府立 ②宮城 ③茨城 ④栃木 ⑤群
⑥群 ⑦大群 ⑧埼玉

23 きほんのドリル 45~46ページ

❶ ①にいがたけん ②ふくいけん
③やまなしけん ④なし ⑤ぎふけん

❷ ①神奈川 ②新潟 ③富山 ④井戸
⑤山梨 ⑥洋梨 ⑦梨 ⑧岐阜

24 きほんのドリル 47~48ページ

❶ ①しずおかけん ②しがけん ③おおさか
④ひょうごけん ⑤ならけん

❷ ①静岡 ②岡山 ③岡目 ④滋賀 ⑤大阪
⑥兵庫 ⑦兵力 ⑧奈良

25 きほんのドリル 49~50ページ

❶ ①とくしまけん ②じうとく
③えひめけん ④さがけん
⑤ながさきけん

---

② ①鳥取 ②人徳 ③道徳 ④美徳 ⑤愛媛
⑥佐賀 ⑦長崎 ⑧宮崎

26 きほんのドリル 51~52ページ

❶ ①くまもとけん ②かごしまけん ③しか
④おおいたけん ⑤しゅうまつ

❷ ①白熊 ②熊手 ③大分 ④鹿 ⑤鹿児島
⑥沖 ⑦縄 ⑧末

27 きほんのドリル 53~54ページ

❶ ①けっまつ ②むす ③はいち
④だんけつ ⑤のこ ⑥しっれい ⑦か

❷ ①集結 ②置 ③位置 ④残 ⑤残暑
⑥失 ⑦失点 ⑧借用

28 夏休みのホームテスト(1) 55~56ページ

⭐❶ ①しもん ②じりつ ③わら
④ヤこう ⑤じゅばく ⑥じっけん
⑦かんけい ⑧たんい

❷ ①周 ②孫 ③治 ④家臣 ⑤教訓
⑥印刷 ⑦愛読書 ⑧帰省

⭐❸ ①ウ ②ウ ③カ ④オ ⑤ア ⑥エ
⑦イ ⑧キ

⭐❹ ①静止 ②臣下 ③着席 ④自然

⭐❺ ①達 ②各 ③令 ④量

考え方
⭐❸ 両方の漢字の形が同じ部分に注目しましょう。
⭐❺ 三つとも、熟語になることが必要です。

おうちのかた
⭐❹ 漢字を訓読みすると意味がわかりやすくなります。

29 夏休みのホームテスト(2) 57~58ページ

⭐❶ ①じあん ②あんない ③けしき ④つめ
⑤うみく ⑥せつめい ⑦だんねん
⑧やくそく

⭐❷ ①群馬 ②梨 ③埼玉 ④岐阜 ⑤新潟
⑥岡山 ⑦井戸 ⑧滋賀

⭐❸ ①ア ②ウ ③ア ④イ ⑤イ ⑥ウ

こたえ（答え）

35° きほんドリル 69〜70ページ

②
(1)旗　(2)指輪　(3)隊列　(4)車輪　(5)旗手　(6)隊長　(7)遊　(8)牧草

①
(1)はた　(2)ゆびわ　(3)たい　(4)にい　(5)へい　(6)ぼく

34° きほんドリル 67〜68ページ

②
(1)帯　(2)帯　(3)軍　(4)一帯　(5)迷　(6)勇　(7)配　(8)海軍　勇者

①
(1)はい　(2)おび　(3)なゆ　(4)いっ　(5)べい　(6)ゆう　(7)ぐん　いったい

33° きほんドリル 65〜66ページ

②
(1)飛　(2)焼　(3)包　(4)争点　(5)苦戦　(6)戦　(7)飛　(8)飛来

①
(1)せん　(2)とび　(3)なぞ　(4)やせ　(5)こ　(6)とん

32° きほんドリル 63〜64ページ

②
(1)栄　(2)働　(3)老　(4)老後　(5)固　(6)固形　(7)働　(8)養分

①
(1)えい　(2)はたら　(3)な　(4)たし　(5)ころ　(6)おとな　(7)たい

31° きほんドリル 61〜62ページ

②
(1)的　(2)果　(3)節分　(4)果　(5)果実　(6)的　(7)科学　(8)給油

①
(1)せき　(2)めい　(3)まつ　(4)は　(5)てつ　(6)もく　夏季・節季

30° まとめドリル 59〜60ページ

★ **考え方**
言葉の意味を考えて、漢字を選びましょう。

(1)結成　(2)児童　(3)課題　(4)位置　(5)機械

36° きほんドリル 71〜72ページ

②
(1)近　(2)散　(3)続　(4)続　(5)巣箱　(6)側　(7)松　(8)側　発

①
(1)せい　(2)ちか　(3)ちら　(4)ぞく　(5)はこ　(6)がわ　すじしゅつ

37° まとめドリル 73〜74ページ

①
(1)ふしぎ　(2)きせつ　(3)めい　(4)じゅく　(5)けつ　(6)ひつ　(7)かく　(8)ぎかい

②
(1)不思議　(2)議決　(3)欠場　(4)議員　(5)欠　(6)博愛　(7)不安　(8)欠場　博学

38° きほんドリル 75〜76ページ

考え方
(1)②「季」と「希」、「へ」（「働」を「送」りがなに注意しましょう。）⑦「働」に注意しましょう。

②
(1)季節　(2)希望　(3)欠ける　(4)的　(5)合唱　(6)覚える　(7)博物館　(8)老人　(9)牧場・働く　栄養

①
(1)せい　(2)き　(3)こ　(4)たし　(5)しょう　(6)かく　(7)ほう　(8)ぼく・はたら　きゅう・なゆ

39° きほんドリル 77〜78ページ

②
(1)録音　(2)連続　(3)消音　(4)料金　(5)飲料　(6)大陸　(7)極力　極

①
(1)がん　(2)れつ　(3)な　(4)へい　(5)きょく　(6)たい

40° まとめドリル 79〜80ページ

②
(1)発　(2)散　(3)続　(4)続出　(5)松　(6)側　(7)側　(8)巣箱　近

①
(1)へん　(2)ち　(3)す　(4)それ　(5)ぞく　(6)へい

②
(1)北極　(2)散らす　(3)続く　(4)巣箱　(5)左側
(6)極力　(7)松竹梅　(8)発

118

⑧大陸・原料　⑨連続・記録

考え方
❶ ⑨「つずく」と書かないように注意しましょう。

---

41 きほんのドリル 81〜82ページ

❶ ①なか　②しから　③しほう　④がんしょ
　⑤ねが　⑥きょうどうてん　⑦ともばたら
❷ ①仲直　②仲間　③司法　④司令官　⑤願
　⑥願望　⑦共働　⑧共同

---

42 きほんのドリル 83〜84ページ

❶ ①しあい　②こころ　③きょうりょく
　④せんしゅ　⑤とうだい
❷ ①試　②試作　③協調　④協定　⑤選
　⑥選考　⑦電灯　⑧川原

---

43 きほんのドリル 85〜86ページ

❶ ①しみん　②みんわ　③ふくだいじん
　④のうふ　⑤おっと　⑥せんえんさつ
　⑦ふだ
❷ ①国民　②民宿　③副大臣　④副社長
　⑤夫人　⑥夫　⑦新札　⑧名札

---

44 まとめのドリル 87〜88ページ

❶ ①のうふ　②とうだい　③せんしゅ
　④ふくだいじょう・なか
　⑤しから・しんたく　⑥ねが
　⑦きょうから・がんしょ
　⑧しみん・しあい　⑨ともばたら
❷ ①協力　②試みる　③願望　④国民
　⑤仲間・共同　⑥司書　⑦副社長・選ぶ
　⑧名札　⑨夫・川原

考え方
❷ ②送りがなに注意しましょう。
　⑤「協同」と書かないように注意しましょう。

---

45 きほんのドリル 89〜90ページ

❶ ①ぎょうりょう　②むり　③な　④かんり

---

❺ ①せいこう　⑥りこう　⑦ぎょりょう
❷ ①材木　②無　③無事　④管　⑤真空管
　⑥年功　⑦漁業　⑧大漁

---

46 きほんのドリル 91〜92ページ

❶ ①いちおく　②れい　③だと　④さくや
　⑤がいとう　⑥まちかど　⑦とほ
❷ ①億　②例　③例外　④昨日　⑤商店街
　⑥市街　⑦生徒　⑧徒歩

---

47 きほんのドリル 93〜94ページ

❶ ①とく　②とくべつ　③り　④りょう
　⑤くろう　⑥ろうどう　⑦だいき
❷ ①特長　②特色　③不利　④利口　⑤苦労
　⑥労力　⑦器具　⑧食器

---

48 冬休みのホームテスト⑴ 95〜96ページ

✦❶ ①ぎょうしょう　②はたら　③えいよう
　④きしょう　⑤ろうどくん　⑥かじつ
　⑦かた　⑧ががくてき
✦❷ ①農夫　②覚える　③料理　④松　⑤成功
　⑥無関心　⑦仲間　⑧願い
✦❸ ①灯　②利　③協　④例　⑤唱　⑥隊
　⑦勇　⑧器
✦❹ ①王　②艹　③攵　④辶　⑤木　⑥言
✦❺ ①輪　②続　③昨

考え方
❸ 読み方が同じ字を考えましょう。

おうちの方へ
❺ ①は同じ訓読みの字を、②・③は同じ音読みの字を考えます。

---

49 冬休みのホームテスト⑵ 97〜98ページ

✦❶ ①かわら　②ふくだい　③す
　④だいり　⑤くろう　⑥いちおく
　⑦せいと　⑧まちかど
✦❷ ①木村　②焼ける　③特別　④包む
　⑤戦争　⑥旗　⑦飛ぶ　⑧博学
✦❸ ①極　②録　③軍
✦❹ ①ア　②ウ　③ア　④ウ　⑤イ　⑥ア

119

4 おうちの方へ
② ③
⑤ ・・・
⑤・⑥は一字が共通しています。
は・・・

5 考え方
言葉の意味に合う熟語を考えましょう。

6 考え方
書き分けの意味に注意して、同じ音読みの字の意味を考えましょう。

6
① ア 感心 イ 関心 機械
② ア 特 ②希
⑦特 ⑧徳 季

5
① 希 ② 季 ③ 無害 ④ 刷 ⑤ 包 ⑥ 法

4
① 戦争 ② 勇まし ③ 照らす ④ 不満 ⑤ 呼 ⑥ 無害 ⑦ 働く ⑧ 必ず 勝利

3
① 加 ② 貨 ③ 求める ④ 課 ⑤ 借り
① 完 ② 管

2
① ア ② イ ③ ア ④ イ ⑤ アイ
⑥ ア ⑦ イ
③ 4 ④ 4
おとし
あん

---

57 学年のまとめテスト 113~114ページ
1
① ア ② イ ③ ア ④ イ

2
① 卒業 ② 新卒 ③ 求 ④ 要求 ⑤ 川底 ⑥ 底辺 ⑦ 呼 ⑧ 底
鏡

---

56 きほんのドリル 111~112ページ
1
（読み欄）

2
① 熱意 ② 米倉 ③ 倉庫 ④ 競走 ⑤ 熱伝 ⑥ 熱意 ⑦ 建 ⑧ 建
競

---

55 きほんのドリル 109~110ページ
1
（読み欄）

2
① 標語 ② 勝敗 ③ 好 ④ 大好き ⑤ 敗 ⑥ 標 ⑦ 積 ⑧ 積
固 面積 目標

---

54 きほんのドリル 107~108ページ
107~108ページ

考え方（右段上）
④「候」を「侯」と書かないように注意しましょう。「候」は「康」と書かないように注意しましょう。病気が少ないとき「小康」と書く。
②「正」という意味が少し「改」と書かないように注意。

2
① 付・付近 ② 伝票・伝 ③ 便・使 ④ 時差 ⑤ 祝辞 ⑥ 改正 ⑦ 小康 ⑧ 低学年 ⑨ 清書

1（読み欄）

---

53 まとめのドリル 105~106ページ
2
① 氏名 ② 全 ③ 小康 ④ 浅 ⑤ 氏族 ⑥ 健全 ⑦ 気候 ⑧ 健康
天候

1（読み欄）

---

52 きほんのドリル 103~104ページ
2
① 改正 ② 改 ③ 時差 ④ 時差 ⑤ 投票 ⑥ 伝票 ⑦ 都部 ⑧ 都部

1（読み欄）

---

51 きほんのドリル 101~102ページ
2
① 祝辞 ② 清流 ③ 清 ④ 低 ⑤ 低学年 ⑥ 便 ⑦ 付近 ⑧ 祝

1（読み欄）

---

50 きほんのドリル 99~100ページ

考え方（5・3）
矢印の向きに気をつけて、形のにている漢字に気をつけましょう。同じ読み方の字をつけましょう。

5
① 漁・魚 ② 挙・手 ③ 協・手 ④ 司・共 ⑤ 試